WOHNEN
à la française

Die Originalausgabe erschien 2009 unter dem Titel *Essentially French* bei Ryland Peters & Small Ltd, 20–21 Jockey's Fields, London WC1R 4BW, Great Britain
Text Copyright © 2009 Atlanta Bartlett
Fotografien und Gestaltung Copyright © 2009 Ryland Peters & Small
Alle Rechte vorbehalten

1. Auflage 2010

Deutsche Ausgabe Copyright © 2010 Gerstenberg Verlag, Hildesheim
Alle deutschen Rechte vorbehalten
ISBN 978-3-8369-2607-2
www.gerstenberg-verlag.de

INHALT

EINFÜHRUNG	6
FRANZÖSISCH SCHLICHT	10
FRANZÖSISCH ELEGANT	56
FRANZÖSISCH EKLEKTISCH	108
Bezugsadressen	154
Die Firmen	156
Die Aufnahmeorte	157
Register	158
Danksagung	160

EINFÜHRUNG

Wohnen à la française erlaubt einen Blick in das Zuhause einer kleinen, feinen Schar von Antiquitätenhändlern, die meine lebenslange Liebe zu Frankreich und alten französischen Möbeln teilen. Sie haben uns für dieses Buch ihre Türen geöffnet und geben mit ihren Privaträumen auch ihre Vorlieben preis. In einer Welt, in der in einem fort Massenware produziert wird, um den Hunger nach Neuem zu stillen, gibt es noch einige wenige Menschen, die alte Handwerkskunst zu schätzen wissen. Zu dieser von mir liebevoll »die letzten Zigeuner« genannten Spezies gehören die Händler, deren Domizile hier vorgestellt werden.

Ich liebe meinen Beruf. Seit fast zwanzig Jahren handle ich mit Antiquitäten, und noch immer freue ich mich morgens beim Aufstehen auf die Arbeit. Sie ist für mich eine Passion, eine Lebensweise, und ich schätze mich glücklich, damit mein Auskommen zu haben. Noch immer liebe ich das Einkaufen an einem frühen Wintermorgen, wenn man im schwachen Licht einer Taschenlampe kaum erkennen kann, was man erwirbt und von wem. Und den Sonnenaufgang über der Rennbahn an einem noch früheren Sommermorgen, wenn man die ausrangierten Schätze eines anderen begutachtet. Später versammeln sich dann alle im Café und vergleichen ihre Schnäppchen. Dann freue ich mich jedes Mal darauf, später in meinem Laden ein buntes Allerlei von Dingen aus dem alten Zeitungspapier zu wickeln, die sich im Geschäft zu einem hübschen Stillleben arrangieren lassen … das so lange bestehen bleibt, bis sie anderswo ein neues Leben beginnen.

Im Ausland einkaufen ist für mich immer ausgesprochen aufregend, denn auf einer fremden Bahn ist das Rennen oft besonders spannend. Verständigungsprobleme gibt es kaum – eingefleischte Händler sind überall auf der Welt vom selben Schlag und verstehen sich auch ohne Worte. Und dann die berauschende Erfahrung der Auktion! Du weißt nie, ob du zum Zuge kommst, und musst dich bremsen, um deine Preisgrenze nicht zu überschreiten. Und das Handeln unter Händlern! Eine Bootsladung von ihnen würde auf einer einsamen Insel Krebse und Kokosnüsse an den jeweils Meistbietenden verkaufen, immer in der festen Überzeugung, einen besseren Preis zu erzielen als alle anderen.

Die in diesem Buch präsentierten Behausungen sind so unterschiedlich wie

ihre Besitzer. Unter ihnen befinden sich zwei stilvolle Londoner, deren Heim eine Faszination nicht nur für Frankreich, sondern auch für das Schweden des 18. Jahrhunderts offenbart, ein Paar aus Sussex, dessen Haus einem buchstäblich ein Lächeln ins Gesicht zaubert, und ein hübscher Filou aus der Provence mit einer Neigung zu schräger Kirmeskunst. Alle Händler haben natürlich eine unstillbare Leidenschaft für den besonderen Fund, die stärker ist als die Notwendigkeit, Profit zu machen ... obwohl ein gewisses Extra an Bargeld zweifellos auch eine Verlockung darstellt!

Auf diesen Seiten gibt es viele Schätze zu entdecken, vom massiven Obstholzschrank aus dem 17. Jahrhundert bis zum wertlosen Bruchstück einer Gipsdekoration. Jedes dieser Objekte ist Teil eines harmonischen Ganzen – eines Ganzen, das Händler mit ihrem einzigartigen Blick geschaffen haben.

Betrachten und genießen Sie die Seiten dieses Buches. Und wenn Sie angeregt werden, selbst mit dem Sammeln anzufangen, besteht doppelt Grund zur Freude, denn viele der hier Porträtierten haben Läden, in denen Sie Waren anschauen, prüfen und sogar mit nach Hause nehmen können.

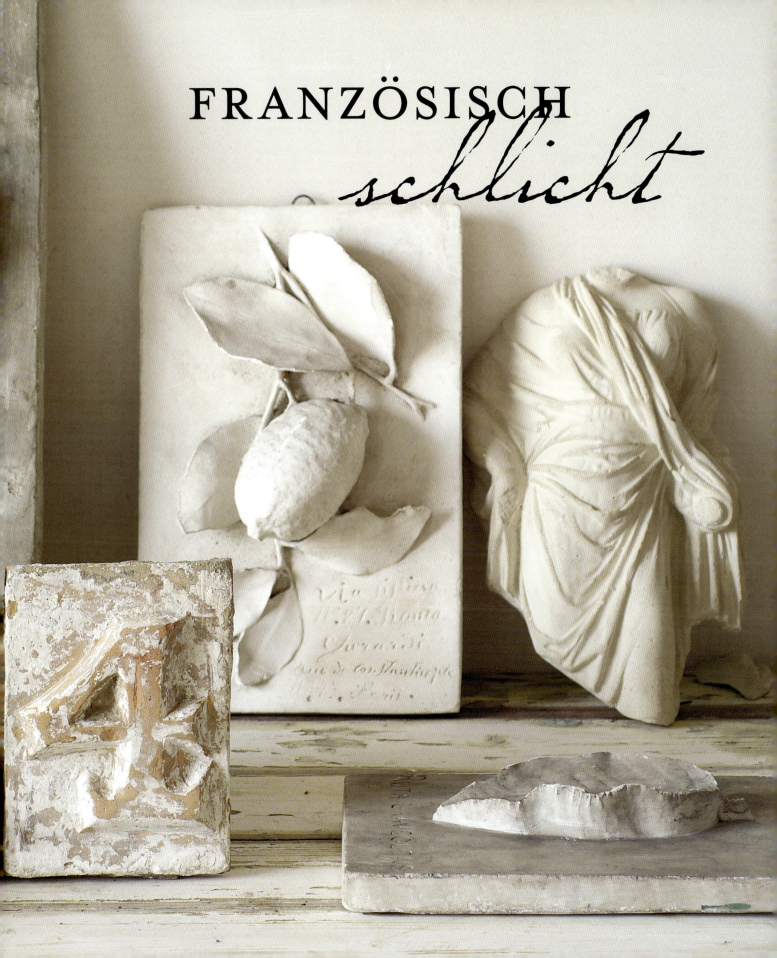
FRANZÖSISCH
schlicht

Da meine Eltern sich gern bei Trödlern und in Auktionshäusern eindeckten, hatte ich schon früh einen Sinn für Kunst. Dazu kam eine Faszination für alles Französische – ich wuchs in Südwestirland auf, habe aber über meine Mutter Wurzeln in Frankreich.

LÄNDLICHES IDYLL

»Lieber glücklich als reich geboren«, heißt es. Ich selbst zähle mich zur ersten Kategorie. Der »Beruf« der Antiquitätenhändlerin war mir nicht in die Wiege gelegt, aber er ist ohnehin eher eine Berufung.

Meinen ersten Ausflug ins Händlerinnenleben unternahm ich 1993 mit einem Paar Bronzeleuchtern, einem alten Toilettensitz aus Holz und anderen Dingen, die ich nicht mehr benötigte. Mit einem roten Lieferwagen aus meinem Bekanntenkreis zuckelte ich frühmorgens los, um meine Sachen in Newark (Lincolnshire) auf der größten Verkaufsmesse Englands loszuschlagen. Vielleicht war es Anfängerglück, jedenfalls verkaufte ich alles und füllte mit den Einnahmen gleich meine »Bestände« auf. Wie alle Spielernaturen hatte es mich gepackt. Und doch hätte ich mir niemals ausmalen können, wohin mich die Reise einmal führen sollte.

Heute habe ich einen gut bestückten Laden und ein Heim in London voller Schätze, von denen ich mich nicht trennen mag, und sammele weitere hübsche Dinge, um damit meine neueste Erwerbung auszustatten – das (in meinen Augen!) schönste Haus in ganz Südfrankreich. Vor acht Jahren kam ich das erste Mal nach Uzès im Departement Gard, wo es ebenso schön ist wie in der Provence, aber nicht so herausgeputzt. Die Gardois sind Bauern und ernten zu jeder Jahreszeit Köstlichkeiten im Überfluss: im

GANZ OBEN *Sonnenblumen sind meine Lieblingsblumen, ob vom Feld nebenan oder auf dem großen zeitgenössischen Ölgemälde, das an der Küchenwand lehnt.* **OBEN** *In alten Käseformen aus glasiertem Ton kommen die antiken Silbermesser, die Zinnlöffel und das Alltagsbesteck mit Holzgriff aus den 1980ern von Habitat bestens zur Geltung.* **RECHTE SEITE** *Die Küche befindet sich im Keller (cave), in dem einst Nutztiere untergebracht waren. Auf dem alten spanischen Tisch auf Böcken liegt ein antiker Leinenläufer.*

12 Französisch **schlicht**

Frühjahr Spargel und Artischocken, im Sommer saftige Aprikosen und Pfirsiche, im Herbst Feigen und natürlich Trauben.

Bei der Suche nach meinem neuen Heim habe ich mehr Häuser besichtigt, als ich sagen kann. Doch erst als ich das pompöse Eisentor zu dem Anwesen durchschritt, das mir heute gehört, hatte ich das untrügliche Gefühl: »Das ist es!« Um es auf Französisch zu sagen, dieses Haus war *dans son jus* – es war also nicht repariert, gestrichen oder gewienert worden. Heute ist so etwas schwer zu finden, allzu viele Häuser sind von »Verschönerungsbemühungen« gezeichnet. Dieses Haus aber stand definitiv »im eigenen Saft«. In einem tiefen Tal ohne Handyempfang bilden elf alte Steinhäuser, die alle irgendwie miteinander verbunden sind, einen kleinen

LINKS *Der Salon mit niedriger Balkendecke im Parterre führt in die Küche. Wenn ich im Winter dicke Holzscheite verfeuere, ist er wohlig warm, im Sommer hingegen angenehm kühl. Die Möbel bilden einen eklektischen Stilmix: ein modernes Ledersofa, ein mit antikem französischem Leinen bezogener Ohrensessel und ein Lehnstuhl mit marokkanischem Überwurf.* **OBEN** *Kunstvoll Geschnitztes aus Holz neben einem Spielzeugkaninchen.*

Französisch **schlicht** 15

Weiler. Zu meinem Haus gehört eine Zypresse, die über die Dächer ragt und so etwas wie eine Grenzmarkierung bildet. Es gibt weder Bäckerei noch Bar oder Kiosk. Nur das Zirpen der Grillen, das Quaken der Frösche, Eselsgeschrei und Ziegenmeckern sind zu hören. Das ist das Land von *Jean Florette* – und tatsächlich wurden ein paar Szenen des Films auf der Place aux Herbes in Uzès gedreht. Wasser ist hier kostbar, in der Sommerhitze kocht der Asphalt, im Winter riecht es wie in alten Zeiten nach Brennholz.

Dieser *mas* (Hof) hatte 16 lange Jahre leer gestanden. Seine frühere Besitzerin war Töpferin, und es konnte nur ein gutes Omen sein, dass sie Brennofen und Töpferscheibe zurückgelassen hatte. Töpfern gehört zu meinen frühesten künstlerischen Bemühungen, und ich freue mich, daran anknüpfen zu können.

Erst nach etlichen Orientierungsgängen fand ich mich im Haus zurecht. In die obere Etage gelangt man über vier separate Treppen, die Zimmer gehen ineinander über, und überall gibt es Winkel und Terrassen, dazu vier Kamine und eine Küche ohne fließend Wasser. Im Haus war es zwar kalt und staubig, und überall hingen Spinnweben, es war aber nicht feucht, und die Originaldachziegel aus Ton erwiesen sich als völlig intakt.

OBEN LINKS *Die Dinge auf dem Kaminsims im Hauptsalon bilden ein faszinierendes Stillleben. Ein Gewirr von gläsernen Puppenaugen und ein afrikanischer Eisenvogel, der als eine Art Währung diente, stehen vor einer Frankreichkarte aus dem 18. Jahrhundert.* **OBEN** *Im zweiten Salon liefert dieses praktische Regal dekorativen Stauraum. Präsentiert werden Rahmen, eine Ablage für Reagenzgläser, ein Vogelkäfig, eine düstere Landschaft und Stoffstapel. Den ausgefallenen Bistroklappstuhl fand ich im nahen Ort Barjac.* **RECHTS** *Unwiderstehlich ist das Farbspiel der Seidengarnrollen.*

Französisch **schlicht** 17

DIESE SEITE *Das dunkle australische Gemälde, das eine nackte Frau in der Umarmung mit einer Eidechse zeigt, ist in diesem kargen, ruhigen Schlafzimmer der einzige Schmuck. In den Betonboden wurde ein Muster aus Achtecken geritzt.* **RECHTS OBEN** *Vom Hauptbad aus blickt man in die Umgebung, und das natürliche Licht macht das Baden zu einem besonderen Erlebnis. Der Waschtisch mit den Originalarmaturen aus Porzellan ist in perfektem Zustand. An der Wand hängt ein kleiner, beidseitig nutzbarer Vergrößerungsspiegel, und der Judasbaumzweig in der Ikea-Vase zaubert dem Betrachter ein Lächeln ins Gesicht.* **RECHTS** *Der ungewöhnliche, versilberte französische Bistrospiegel aus dem 19. Jahrhundert fängt den Ausblick auf die Hügel ein.*

Das Haus hatte mir etwas zu sagen: Im Hauswirtschaftsraum mit knarrender alter Tür und übergroßem Schlüssel stand ein riesiger Boiler, der wunderbarerweise nach geringfügiger Wartung funktionstüchtig war. Auf diesem Trumm fand sich der Herstellerhinweis »Le Mercier«, der Mädchenname meiner Mutter. Voilà … Mütter können nicht irren! Ich hatte mein Zuhause in Frankreich gefunden.

Beim Einrichten nahm ich mir vor, etwas ganz anderes zu schaffen als mein Domizil in London. Es sollte rustikal und modern, gemütlich und zwanglos zugleich sein und Farbtupfer à la Marokko haben. Im Kellergewölbe, das heute als Küche dient, waren ursprünglich Tiere untergebracht, und einige Teile des Hauses waren

OBEN *Dieser hochlehnige Sessel, der bequemste im Haus zum Schachspielen, heißt nach meinem Sohn, der ihn okkupiert hat, bei uns »Cahal-Sessel«. Zu den Ausstellungsstücken auf dem ramponierten, rostigen Bistrotisch gehören ein Spielzeugesel, eine afrikanische Eisenskulptur und eine moderne, schwere Glasvase mit einem Zweig vom Feigenbaum im Garten.*

bereits um das Jahr 1700 entstanden. Im Wohnzimmer sind die Originalfliesen aus Terracotta abgewetzt und blankgescheuert, so stark wurden sie über die Jahrhunderte abgetreten. Die Größe der Räume und die Atmosphäre deuten darauf hin, dass hier nicht ein einfacher Landarbeiter, sondern ein Grundbesitzer lebte: Nur wer über einige Mittel verfügte, konnte sich ein so großes, verschnörkeltes Eisentor leisten.

Meinen ersten Sommer hier würde ich als »Luxuscamping« bezeichnen. Die Küche war noch nicht renoviert, so dass ich zum Wasserholen jedes Mal auf den Hof laufen musste. Der Langform-Pool, von dem ich träume, liegt immer noch in weiter Ferne, aber ansonsten habe ich dem Ganzen schon meinen Stempel aufgedrückt: Die dicken Wände mussten nur abgebürstet, die Fenster gründlich gesäubert werden. Französische Bistrostühle, die meisten von *puces* oder *brocantes* in der Gegend, kommen drinnen und draußen zum Einsatz; sie brauchten nur ein paar »Streicheleinheiten«. Ein Ledersofa in Creme, ein Ausstellungsstück aus einem Conran Shop, sorgt für Komfort und Kontrast. Möbel, die ich vor Jahren für mein Haus in Frankreich gekauft und in der Scheune von Freunden gelagert hatte, fanden schließlich ihren Platz.

Jeder Gegenstand in meinem Besitz hat individuellen Charme. Bei Porzellan wähle ich oft Stücke mit einem Sprung oder einer abgesplitterten Ecke – solche Makel machen das Leben für mich interessanter. Einige Dinge werden hier bleiben, andere in meinen Londoner Laden wandern und neue Besitzer finden, die so meinen Traum von Frankreich eine Zeit lang mitträumen können. Und wenn ich im Garten unter dem Feigenbaum auf der Steinbank sitze, empfinde ich sehr stark, was für ein Glück ich gehabt habe.

RECHTS Die alte Küche, heute Atelier, hat eine große, einst als Herd genutzte Feuerstelle. Heute bildet sie in diesem Zimmer den Blickpunkt. Darin wurden rechts eine Flasche aus der Camargue (18. Jahrhundert), ein englisches Stück (um 1960) und eine kleine französische Karaffe gruppiert. **UNTEN** Das hohe, geräumige Elternschlafzimmer kann das moderne Himmelbett gut aufnehmen. Auch hier kam die Natur ins Haus: Ein Olivenzweig dient als Lüster.

OBEN Vom großen Schlafzimmer geht es auf die Terrasse mit freiem Blick übers Tal. Die Bank aus Treibholz lädt zum Träumen ein. **LINKS** Eine Sammlung großer glatter Steine aus dem Fluss Gardon bei Collias. **RECHTE SEITE** (von links oben nach rechts unten) Im Schatten eines riesigen Feigenbaums blickt eine französische Wetterfahne aus Eisen über den Hof. Ein Blumenstrauß für die Liebste vor einer alten Tür mit eisernem Originalschlüssel. Eine Sammlung von Töpfchen für einen kleinen Kaffee auf der Terrasse. Frische Mandeln sind weich, pelzig, innen perlweiß und schmecken gut mit einem Glas Viognier aus der Gegend.

Zwischen den alten Städten Montpellier und Nîmes in Südfrankreich liegt ein winziges, malerisches Dorf. Hier haben die namhafte Antiquitätenhändlerin Appley Hoare und ihre Tochter Zoë eine heruntergekommene bastide *in ein klares, schönes Heim verwandelt.*

ALLES KLAR

Appley Hoares Liebesgeschichte mit dem Antiquitätenhandel begann vor vielen Jahren in Sydney. Als Stylistin stand sie in engem Kontakt mit Händlern und bemerkte bald, dass sie zu dieser Welt dazugehören wollte. Appley wurde zu einer Instanz; über Jahre beförderte sie antike französische Möbel nach Australien. Mitte der 1990er Jahre zog sie nach London und brachte ihren höchst individuellen Stil in die Pimlico Road im Stadtteil Belgravia, wo sie und Zoë Gegenstände aus Frankreich feilboten, die groß, rustikal und schön waren.

Ihre Liebe zu dem malerischen Dorf in Frankreich entdeckten Appley und Zoë, als sie dort auf einem Einkaufstrip in einer reizenden *chambre d'hôtes* abstiegen. Da ihre Besuche in dem Dorf sich häuften, entschloss sich Appley schließlich, die heruntergekommene *bastide* (kleines Landhaus) nebenan zu erwerben. Die Häuser von Antiquitätenhändlern sind natürlich ein Spiegel der Bestände in ihrem Laden, und das gilt auch für Appleys Domizil in Frankreich.

LINKE SEITE *Appley baut eindrucksvolle Sammlungen von Gipsmodeln, -fragmenten und -säulen auf, verkauft dann fast alles und fängt wieder an zu sammeln. Sie behält nur einige Lieblingsstücke und Geschenke, an denen sie hängt.* **RECHTS OBEN** *Das kleine Ölgemälde eines Bades ist ein Abbild des reizenden Gästezimmers mit eigenem Badbereich.* **RECHTS** *Diese Skulptur — ein zerbeultes altes Blasinstrument auf einem originellen Ständer — bewahrt die Erinnerung an einen ganz besonderen Mann.*

Französisch **schlicht**

LINKS (*von oben nach unten*) *Die Initialen auf diesen gestärkten Leinenservietten passen zu niemandem im Haus. Wein aus der Gegend schmeckt aus antiken Gläsern mit dickem Rand viel besser. Die Besitzerin einer solchen Sammlung alten Porzellans in so gutem Zustand darf stolz sein; auf diesen blau-weißen Gien-Tellern aus dem 19. Jahrhundert kann* tout de suite *serviert werden.* **UNTEN** *Die funktionalen Elemente dieser Küche belegen, wie gut Alt und Modern zusammenpassen. Die offenen Betonregale wirken marokkanisch, verstaut wird alles in Körben.* **RECHTE SEITE** *Der fein gedeckte Tisch mit Zinkplatte wartet auf acht glückliche Gäste.*

OBEN *Trotz seiner Höhe wirkt der Salon freundlich. Die getrockneten Hortensien im Kamin aus dem 18. Jahrhundert harmonieren mit den Steinnuancen der Raumgestaltung, der Möbel und Sammelobjekte.* **LINKS** *Das Stück aus Gips ist eine unverkäufliche Liebesgabe.* **RECHTS OBEN** *Das »A« steht für Antikes, Anregendes, clevere Anschaffung — und auf dem Kaminsims im Salon auch für Appley.* **RECHTS** *Ein Haus ohne Bücher ist wie eine Karaffe ohne Inhalt. Hier dient beides dem Dekor, doch die Bücher enthalten sicher goldene Worte, und der honigfarbene Wein wird zweifellos munden.*

Die Renovierung des Landhauses war ein Riesenprojekt, das sich, wie vorherzusehen, in die Länge zog und höhere Kosten verursachte als geplant. Doch die Mühe hat sich gelohnt. Das Resultat ist eine einzigartige, moderne Inneneinrichtung in einem Gebäude aus dem 18. Jahrhundert – großzügig, aber nicht überwältigend, gemütlich, aber alles andere als putzig und so friedvoll und erhebend wie eine Kathedrale.

Das bescheidene Eingangstor lässt nicht ahnen, was für ein Anwesen sich dahinter erstreckt. Der Garten mit freiem Blick in die Landschaft besteht aus einem einzigen, mit sechzig großen Lavendel-

büschen dicht bepflanzten Beet. Ein dekoratives eisernes Tor mit weißem Anstrich führt zum Swimmingpool und zum Badehaus. Im Schatten eines alten Olivenbaums und vis-à-vis den Zypressen am Eingang wurden nah am Haus zwei Essbereiche im Freien eingerichtet. Die Bistrotische und -stühle gehören zu dem bekannten Typus, den Appley in ihrem Londoner Geschäft verkauft.

Die moderne verglaste Eisentür bildet einen deutlichen Kontrast zu dem Kalkstein, der zu der Farbpalette im Innern des Hauses inspiriert hat. Sie führt in die Küche mit ungestrichenen, mattweiß verputzten Wänden und einem Boden aus geglättetem Gussbeton, der im gesamten Parterre zu finden ist. Den Blickpunkt bildet der französische Esstisch mit

LINKE SEITE (*von links oben nach rechts*) *Die in Zoës Schlafzimmer kunstvoll arrangierten Schweizer Geigenteile aus dem 19. Jahrhundert vermitteln Ruhe. In Appleys Schlafzimmer stapelt sich in einem französischen Schrank aus dem 18. Jahrhundert die Bettwäsche. Im Wohnzimmerschrank aus dem 18. Jahrhundert lagern Paisley- und Samtkissen.*
RECHTS *Auf dem Bistrotisch im Gästezimmer steht das »A«, ein häufiges Motiv in diesem Haus, für »ausgeschlafen«.*
UNTEN *Die Badewanne in einer Ecke des Gästezimmers.*

OBEN *Diese Ecke des hohen Raums in der Hausmitte wäre nur eine nackte, gesichtslose Wandfläche, gäbe es da nicht die raffinierte rechteckige Nische. So wird daraus eine Installation, die weder bewegt noch ge- oder verkauft werden kann. Der schwedische Lehnstuhl aus dem 18. Jahrhundert steht für die perfekte Schlichtheit des Echten und ist ebenfalls unverkäuflich.*

RECHTS *Diese Feuerwehrleitern aus dem 19. Jahrhundert im Originalrot sind fünf Meter hoch.* **RECHTE SEITE** *In diesem Arbeitszimmer unterm Dach mit französischem Arbeitstisch und Stillsessel aus dem 19. Jahrhundert kann sich die Kreativität entfalten, hier stehen aber auch Betten für Gäste bereit, die nicht anderswo im Haus untergebracht werden können.*

Zinkplatte von Anfang des 19. Jahrhunderts, um den Metallstühle von Tolix stehen. Ebenso imposant sind die Kommode mit Marmorplatte und das maßgefertigte Tellerregal mit einer beachtlichen Sammlung blau-weißer Gien-Teller aus dem 19. Jahrhundert. Die »Küchenelemente« wurden von einem marokkanischen Kunsthandwerker gefertigt und geben dem Raum etwas Originelles, Unangepasstes. Trotz seiner Größe eignet er sich nicht nur für elegante Abendessen im großen Kreis, sondern ebenso auch für zwanglose Mittagessen zu zweit.

Der Übergang von einem Raum zum anderen ist fließend. Von der Küche geht es in den geräumigen Salon mit übergroßen Conran-Sofas in neutralem Leinen. Hier ist die hintere Wand nur oben cremeweiß verputzt, während unten das Kalksteinmauerwerk freigelegt wurde. Der französische Steinkamin aus dem 18. Jahrhundert stammt aus Spanien und wurde im Zuge der Renovierung eingebaut. Auf dem Sims sind Appleys Fundstücke ausgestellt, darunter ein »A« aus Zinn, eine Miniaturschaufensterpuppe

OBEN *Einer der Essbereiche im Freien bietet im Schatten eines knorrigen Olivenbaums Platz für zwei Personen.* **GANZ LINKS** *Die französischen Türen im großen Salon öffnen sich auf einen riesigen Balkon mit weitem Blick in die ländliche Umgebung.* **LINKS** *Dieses ausgefallene Eisentor mit Papyrus- und Blumenmotiven führt zum Swimmingpool.* **RECHTS** *Morgendliche Lektüre bei einem Glas Pastis an einem alten Bistrotisch — französischer geht's kaum. Der Originalanstrich der vier Stühle in Türkis passt gut zu den Aquafarben des Pools dahinter.*

und ein groteskes Porträt aus den 1920ern. Eine große Stuckmarmorplatte und vier Stützelemente aus dem 19. Jahrhundert, die ursprünglich eine Brücke in Schottland schmückten, bilden den Couchtisch.

Neben der Küche und hinter dem Salon erstreckt sich ein riesiger Raum – quasi das Längsschiff dieser Kathedrale von einem Haus –, dessen Originalbalken mit Bühnenscheinwerfern bestückt sind. Die Möblierung ist schick und edel, aber sparsam: Jedes Stück spricht für sich. Doch die Einrichtung wechselt, je nachdem, was Appley in ihrem Londoner Geschäft fehlt. Zurzeit lehnen zwei fünf Meter hohe Feuerwehrleitern aus rot gestrichenem Holz, die im 19. Jahrhundert im Einsatz waren, an der Wand, und in einer Ecke in Fensternähe steht eine Gipsnachbildung der *Venus von Milo* aus den 1960ern – all das kann jedoch jederzeit in ihren Laden wandern.

In dieser Etage gibt es zwei Schlafzimmer, die in ähnlichem Stil eingerichtet und so geräumig sind, dass sie jeweils über Sitzbereiche verfügen; jedes hat zudem ein geräumiges Bad. Appleys Zimmer schmücken antike französische Stoffe und Wäschestücke in Farben, die von Creme bis zu kühnem Rot reichen und mit ein wenig Dunkellila durchsetzt sind. Appley kann sich für Stoffe genauso begeistern wie für Möbel. Sie besitzt so viele, dass sie einige in einem Kleiderschrank aus dem 18. Jahrhundert lagern muss.

Eine frei stehende Betontreppe führt ins Obergeschoss. Hier sind die Zimmer kleiner, doch ebenso schlicht und elegant. Der Boden ist durchgängig mit gestrichenen Gerüstbohlen belegt. Im intimen Gästezimmer finden sich ein Eisenbett mit antiker, indigo gefärbter Bettwäsche und in der Ecke eine frei stehende Wanne. Dieser bescheiden möblierte Raum ist von tiefer Ruhe erfüllt.

Bei der Renovierung ließ Appley das Äußere der *bastide* unangetastet und nahm nur ein paar Schönheitsreparaturen vor, das marode Innere hingegen wurde zu einem Heim mit Ausstrahlung. Bei der typisch französischen Verbindung von Alt und Neu hat sie eine ebenso glückliche Hand wie im Antiquitätenhandel.

Das Handeln mit Antiquitäten liegt bei Victoria Davar zwar in der Familie, sie und ihr Partner Shane Meredith gehören aber zu einer neuen Generation im Antiquitätengeschäft: Sie handeln mit alten Dingen, sind aber durch und durch modern.

STELLENWEISE BLIND

Victoria Davar und Shane Meredith verstehen etwas von Kunst und verfügen über breite Kenntnisse in britischer Keramik aus den 1950ern bis hin zu schwedischen Möbeln des 18. Jahrhunderts. Den beiden gehören gut eingeführte Läden an der Lillie Road, einer belebten Straße im Südwesten Londons mit höchst individuellen Antiquitätengeschäften, die sich gegen das schleichende Vordringen der Einkaufsmeilen und Kettenläden zu behaupten wissen. Victoria und Shane wohnten an entgegengesetzten Enden der Stadt, bevor sie vor zwei Jahren beschlossen, zusammenzuziehen und ihren beiden gescheckten Staffordshire-Bullterrier-Mischlingen ein festes Zuhause zu geben.

Victorias und Shanes um 1840 erbautes Haus steht in einer jener typischen begrünten Londoner Straßen mit ihren georgianischen Stadthäusern, viktorianischen Reihenhäusern, Art-déco-Doppelhäusern und Nachkriegsbauten aus den 1950ern, die für ungeübte Betrachter alle gleich aussehen und in denen Herzoginnen neben Müllmännern wohnen. Beim Kauf schien ein gutes Omen zu signalisieren,

Die Küche, die Französisches und Skandinavisches harmonisch vereint, ist von magischen Spiegelungen geprägt: venezianischen Wandleuchtern, einem französischen Wandspiegel über dem Kamin, zwei kleinen Konvexspiegeln (einer ist in der Spiegelung zu sehen), verspiegelten Türflügeln und der Spiegelplatte auf dem schwedischen Klapptisch.

Französisch **schlicht** 37

LINKE SEITE *Das Kissen zeugt von der Verbundenheit unter Antiquitätenhändlern: Es ist eines der unverwechselbaren Stücke, die Katharine Pole aus alten Stoffen fertigt. Der Phönix, eine Schnitzarbeit von Anfang des 18. Jahrhunderts, steht auf einem verspiegelten italienischen Couchtisch aus den 1930er Jahren.* **OBEN** *(von links) Neun Päpste in Öl blicken aus Originalrahmen auf die hölzerne Madonna von Anfang des 18. Jahrhunderts. Die glänzenden Kugeln erinnern Vicky an weihnachtlichen Kindheitszauber in Deutschland.*

dass die Entscheidung richtig war: Mit der Schlüsselübergabe erhielten die beiden einen zerknitterten braunen Umschlag mit allen Besitzurkunden des Hauses – echte Kunstwerke, die noch die roten Originalsiegel aus Wachs trugen und von der Schreibkunst längst vergessener Eigner und Notare zeugten.

Die Suche nach ungehobenen Schätzen ist die *raison d'être* des Antiquitätenhändlers. In Victorias und Shanes Haus verbirgt sich hinter abblätterndem blauem Anstrich ein Schatzkästchen. Dort findet sich das Beste vom Besten, eine Überfülle feinster Stücke, die in Shanes Worten unter die Kategorie der *keepers* (bleibende Dinge) fallen. *Keepers* sind jene Objekte, über die Händler bei der Einkaufstour stolpern und die sie nie weiterverkaufen würden. Ob groß oder klein, kaum bezahlbar oder echte Schnäppchen – alle haben sie das gewisse, unmittelbar ansprechende Etwas. Das kann ein Teddy mit nur einem Ohr, ein Tisch mit ach so elegant geschwungenen Beinen oder ein Helm mit den eigenen Initialen sein. Diese *keepers* werden wie Schätze gehütet und begleiten ihre Besitzer ein Leben lang;

Französisch **schlicht** 39

sie machen die Einzigartigkeit eines schönen Zuhauses aus.

Es ist höchst aufschlussreich, genau hinzuschauen, wie Victoria und Shane ihre Erwerbungen präsentieren und arrangieren. Trotz seiner exquisiten Ausstattung ist ihr Haus kein Museum, sondern ein mit Liebe eingerichtetes Heim. Bedeutende Stücke, persönliche Dinge, Andenken und zeitgenössische Kunstwerke (Victorias Schwester lebt als Künstlerin in Köln) bilden zusammen mit Alltagsgegenständen eine perfekte Melange. Ein Haus lässt sich mit einem Schachbrett und das Mobiliar mit den Schachfiguren vergleichen. Wie beim Schach gilt auch bei der Auf-

LINKS OBEN *Dieser italienische Spiegel aus dem 18. Jahrhundert ist Vickys teuerstes Stück. Erstanden hat sie ihn in Toulouse, doch er stammt aus einem Schloss bei Paris.* **LINKS** *Ein französischer Kristalllüster in Form einer Galeone ruft die Geschichte von Peter Pan wach.* **OBEN** *Im Schlafzimmer haben zwei englische Einhornköpfe (1920er Jahre) einen Ehrenplatz auf einem französischen Tisch mit Cabriolbeinen gefunden. Nach endlosem Abspachteln kam bei Vickys Lieblingsmöbel die weiße Originalfarbe zum Vorschein.* **RECHTS** *Prunkstück im Bad ist ein bedeutendes Ölgemälde. Für Romantik sorgt ein vergoldeter italienischer Silberleuchter aus dem 19. Jahrhundert.*

Französisch **schlicht**

stellung der Möbel: Auf die richtige Platzierung kommt es an. Harmonisches Arrangieren lässt sich vielleicht erlernen, man braucht dazu aber ein gutes Auge, die Einschätzung von Gegenständen nach ihrer Schönheit (und nicht nach ihrem Wert), Mut zum Epochen- und Stilmix, Verständnis für Farbe und Licht sowie Vertrauen in den eigenen Blick.

Victoria und Shane hatten das Glück, dass sie ein intaktes Haus vorfanden. Es musste nicht saniert, sondern nur von oben bis unten neu gestrichen werden. Sie wählten zarte, elegante Nuancen, strichen Decken, Wände und Gebälk in derselben Farbe und schufen so einen nahtlosen Hintergrund für ihre Schätze. So entstand ein ausgereiftes Gesamtbild, das die Räume größer wirken lässt und besser zur Geltung bringt.

Das Wohnzimmer im ersten Stock ist bescheiden und prächtig, gemütlich und einladend zugleich. Die recht großen Möbel schaffen einen leichten Alice-im-Wunderland-Effekt, und das Licht, das durch die hohen, original erhaltenen Fenster fällt, trägt zur angenehm ruhigen Atmosphäre bei. An den Wänden hängt eine imposante Sammlung antiker, stimmungsvoll rauchiger Spiegel mit angelaufenen Stellen, die wie Kunstwerke wirken – der Prozess des Verfalls, der scheinbar zufällig bestimmte Stellen erfasst hat, lässt sich nicht imitieren. Jeder einzelne,

LINKS OBEN *Wegen seiner zarten Farben hängt der Knoblauchzopf neben zwei »Liebesgaben«, einem hübschen alten Thermometer und einem winzigen angelaufenen Spiegel im vergoldeten Silberrahmen.*

LINKS *Mit einem noch winzigeren Silberlöffel haben zwei winzige Geleeformen als Salznäpfchen eine neue Bestimmung gefunden. Solche Umnutzung von Gegenständen verleiht jeder Küche einen Hauch von Originalität.*

vom winzigen Hohlspiegel bis zum prachtvollen vergoldeten Wandspiegel, hat eine ganz und gar einzigartige Patina.

Die Küche im Untergeschoss wirkt auch an trüben Tagen nicht düster. Hier finden sich Funktionales und Dekoratives Seite an Seite, doch es herrscht das gleiche Flair wie überall im Haus. Bei keinem Stück gab der Aspekt der Nützlichkeit den Ausschlag, alle wurden ihrer schönen Form wegen ausgewählt, so dass Eleganz das Bild bestimmt. Im Hauptschlafzimmer oben ist die Einrichtung schlicht und sparsam – mit weiteren übergroßen Stücken, die eine intime Stimmung schaffen. Das Gästezimmer nebenan bringt etwas Glanz in die ansonsten zarte Farbpalette.

Man spürt in diesem eleganten Stadthaus, dass die *keepers* bleiben werden wie ihre Besitzer und deren Sammlungen – die Stühle mit geschwungener Rückenlehne, die Kugeln aus Bauernsilber, die abbröckelnden Statuen und die Hunde, die es hier so gut haben.

UNTEN *Die Küche ist eine perfekte Mischung aus Alt und Neu. Drei Holzschilder fungieren als Kunstwerke, Ikea-Elemente wurden mit klobigen Brotschneidebrettern kombiniert, und auf einem Regalbrett werden Teller, Terrinen, Schüsseln und Schälchen in Weiß und Creme präsentiert.*

LINKS *(von oben nach unten)* Shanes Schuhe, Vickys Hunde, eine nackte Frau, eine Katze, ein Lamm und eine Handtasche! **OBEN** *Dieses Ton in Ton gehaltene, um 1920 entstandene Porträt, das vom Gesicht her ein wenig an Werke von Frida Kahlo erinnert, schuf C. Perilhou, der in unmittelbarer Nähe von Uzès tätig war. Der ausgefallene Lampenschirm mit einer Paris-Ansicht stammt von einer Gruppe (männlicher) Händler, die liebevoll »Die drei Grazien« genannt werden.*

Das Gästezimmer steht als Retter in der Not für Freunde bereit. Der übergroße französische Ohrensessel aus dem 19. Jahrhundert war ursprünglich ein Rollstuhl.

Ein geschnitztes Holztor in bröckligem Puderblau schützt den Zugang zum Haus von Stéphane Broutin. Das aus Indien stammende Stück fällt in L'Isle-sur-la-Sorgue aus dem Rahmen.

HÖHLE DES LÖWEN

Das Tor öffnet sich zu einem breiten, hoch überwölbten Steinkorridor. So mancher würde diesen Raum zum Parken nutzen, doch wie alle Antiquitätenhändler begegnet Stéphane der Vergangenheit mit Hochachtung und möchte die Geister der Kavallerie, die hier vor vielen Jahren durchritt, nicht verscheuchen. Fast als eine Hommage an jene Pferde lässt sich der lebensgroße Holzesel vom Jahrmarkt verstehen, der die Besucher am Eingang begrüßt.

LINKS *Typisch französische Tongefäße bilden im Esszimmer ein eindrucksvolles Stillleben. Solche Gebrauchsgegenstände inspirierten Künstler wie Cézanne zu Werken, die das Schöne im Alltäglichen abbilden.* **UNTEN** *Dieser lebensgroße geschnitzte und bemalte Esel am Hauseingang mit seinem markanten Kopf stammt vom Jahrmarkt.*

Dieses ungewöhnliche Haus wurde im Mittelalter im Wesentlichen aus dem rückwärtigen Bereich des Korridors geschaffen. Als Stéphane es 2004 kaufte, war es praktisch eine Ruine, und er musste es drei Jahre lang mühsam renovieren, um ihm zu seiner jetzigen Pracht zu verhelfen. Heute führen hinter dem Holztor moderne verglaste Eisentüren zu einem durchgehenden Raum mit dem Küchen- und Essbereich. Identische Türen am anderen Ende münden auf einen winzigen Hof mit Springbrunnen.

Das Küchenelement, das mit ultramodernen Armaturen und Arbeitsflächen aus schwarzem Stein – perfekt zum Teigausrollen – ausgestattet wurde, stammt aus einem alten Bäckerladen. Unter dem mattweiß schimmernden Fußboden aus poliertem Beton verbirgt sich eine Heizung. Der Essbereich ist farbenfroh, aber nicht schreiend bunt; ein Satz knallroter Metallstühle wurde z. B. um einen jener klobigen Holztische gruppiert, für die Stéphane berühmt ist.

Obwohl das Haus nicht mit allzu viel Tageslicht gesegnet ist, wirkt es nicht düster. Der dunkelste Raum ist wohl der Salon, doch Stéphane arbeitet nicht gegen, sondern mit dem Lichtmangel und schafft so eine Höhle, in der man sich wohlfühlt wie im Mutterleib. Hier sind alle Möbel und Einrichtungsgegenstände groß und dunkel. Der Ehrenplatz über dem Kamin ist der einzigen dauerhaft hier lebenden Frau vorbehalten, einer Madonna mit Kind.

Dass Stéphane ein Perfektionist ist, erklärt sich vielleicht aus seinem früheren Leben als Konditor: In diesem Beruf ist Akkuratesse gefordert. Doch aller Makellosigkeit zum Trotz haben wir eindeutig das Haus eines Mannes vor uns. Die Löwen in jeder Gestalt – von Bronzeskulpturen, übergroßen Gipsköpfen und Ölgemälden bis zu allerlei Kreaturen auf dem Salontisch – verraten, dass der Besitzer sich selbst wie ein Löwe fühlt. Dieser unkonventionelle, hübsche Filou lebt hier allein, seine Frau hat weiter

OBEN LINKS *Jeder Küchenchef, der auf sich hält, hat eine Vielzahl feiner Messer, und bei einem Antiquitätenhändler müssen die Klingen aus Stahl und die Griffe aus Olivenholz sein. Hier ist die ultimative Sammlung zum Schneiden von hauchdünnem Carpaccio.* **OBEN RECHTS** *Der große verglaste Schrank hat keine Rückwand, so dass hinter den allgegenwärtigen Bistrogläsern die schöne Steinwand sichtbar ist.*

oben in der Straße ihr eigenes Haus – ein gutes Eherezept, bei dem die Kreativität nicht auf der Strecke bleibt.

Im Zwischengeschoss mit Stéphanes Atelier wirkt das Haus fast wie ein Kaninchenbau. Hier stehen nur ein weiß lackierter Holztisch aus den 1960ern und eine Regaleinheit aus einer Bäckerei. Vom Atelier nach oben zum Hauptschlafzimmer und Bad führt eine frei stehende Kunststeintreppe, ein architektonischer Spaß.

Das Schlafzimmer ist so groß, dass es einen eigenen Sitzbereich hat; Sofa, Sessel und Hocker aus den 1970ern sind mit einem sandfarbenen, tweedähnlichen Stoff bezogen, der zu der Wüstendarstellung auf dem modernen Gemälde und den falschen Kakteen von Philippe Starck passt. Über dem maß-

LINKS *Diese herrlich minimalistische Steintreppe bekäme vom Architekten John Pawson sicher ein Gütesiegel. Der von einem Künstler aus der Gegend geschaffene Metallwidder blökt zustimmend aus voller Kehle.*

OBEN *Ob sich der Stierkopf aus dem 19. Jahrhundert, der sicher aus einer Fleischerei stammt, am modernen Dunstabzug wohlfühlt? Das Emailleschild aus derselben Epoche dient als origineller Spritzschutz.*

Französisch **schlicht** 49

gefertigten, fast die Wand füllenden Schrank mit abgebeizten Kieferntüren ist gerade genug Platz für ein schönes altes *Antiquités*-Ladenschild – für den Fall, dass Stéphane eines trüben Morgens vergessen sollte, was er von Beruf ist. Auf diesem Geschoss befindet sich auch eine marokkanisch inspirierte Loggia mit Blick auf die verschlafene Straße und einer Miniküche für einen Morgenkaffee oder ein Gläschen zur Nacht.

Originalität wirkt immer erfrischend. Dieses mit großer Sicherheit in Konzeption und Detail und ohne Anleihen an Vorbilder gestaltete Haus ist als Ganzes ebenso unverwechselbar wie jeder einzelne Gegenstand darin. Auch bei Stéphane finden sich die besten Stücke nicht im Laden, sondern zu Hause, fern der eifrig ausgeschriebenen Schecks der Kunden. Jeder Job hat seine Vorteile, und dies ist kein geringer.

LINKS *Warum sollte man die Asche wegkehren, wenn das Feuer vom Vorabend erloschen ist? Ihr Aroma, mit dem keine Duftkerze mithalten kann, lässt an ferne, romantische Zeiten denken. Der französische Kamin aus dem 19. Jahrhundert ist aus Stein.*
OBEN *An einem alten Balken hängen Mistelzweige. Wie viele Umarmungen diese Räume wohl schon miterlebt haben?*

Französisch **schlicht** 51

OBEN LINKS *Auf der Steintreppe zum Atelier steht auf einer schwedischen Kommode mit gewölbter Front eine feine italienische Schnitzfigur.*
OBEN RECHTS *Stolze Löwen aus verschiedenen Materialien.* **UNTEN** *Dieser majestätische, aber fragile Stier aus Gips hält auf einer Kommode mit abgerundeten Ecken Wache.* **RECHTE SEITE** *Im Hauptschlafzimmer beherrschen Philippe Starcks falsche Kakteen die Szenerie. Das Gemälde entfaltet eine hypnotische Wirkung – man meint, mit wehendem Haar im Chevy Cabrio durch die Wüste von Arizona zu rasen.*

Da sich der Laden ebenfalls in L'Isle befindet, braucht Stéphane zur Arbeit nur zwei Minuten zu Fuß. Seine Vorliebe für Großes und Kühnes, die in seinem Haus sichtbar wird, führt dazu, dass auch in seinem Geschäft kein zartes Porzellan zu finden ist. Stellen Sie sich lieber auf riesige Möbelstücke ein, auf gewaltige, fünf Meter lange knorrige Tische mit Beinen wie Baumstämme und mit Farbe bespritzt wie Gemälde von Pollock.

Wenn er nicht im Laden ist, fährt Stéphane durch Frankreich, in abgelegene Gegenden Italiens oder bis nach Schweden, um das Größte, Ungewöhnlichste und Beste aufzutreiben. Wer ein *château* möblieren möchte, sollte bei ihm vorbeischauen. Er sollte sich aber beeilen, bevor Stéphane sich mit dem Löwenanteil seiner Fundstücke absetzt.

LINKS *Von Stéphanes Passion für Emailleschilder zeugt sogar sein dunkles, maskulines Bad.* **OBEN** *Beim maßgefertigten Schrank für antike Bettwäsche kamen aufgearbeitete Kieferntüren zum Einsatz.*

UNTEN *Im Gästezimmer fühlt man sich ein wenig wie der Kaiser ohne Kleider. Nichts für Eitle ist der Rahmen ohne Spiegel, ein surrealer Spaß. Die große Bohrspitze wird zu einem Stück moderner Kunst.*

OBEN *Ein Scheunentor aus dem 19. Jahrhundert erlebt hier quergelegt eine Wiedergeburt als Kopfteil eines Bettes.* **GANZ LINKS** *Vom bequemen Ledersessel auf der Loggia blickt man über die Straßen von L'Isle-sur-la-Sorgue.* **LINKS** *Im Schlafzimmer greifen getrocknete Hortensien die Blau- und Rosatöne des Gemäldes auf.*

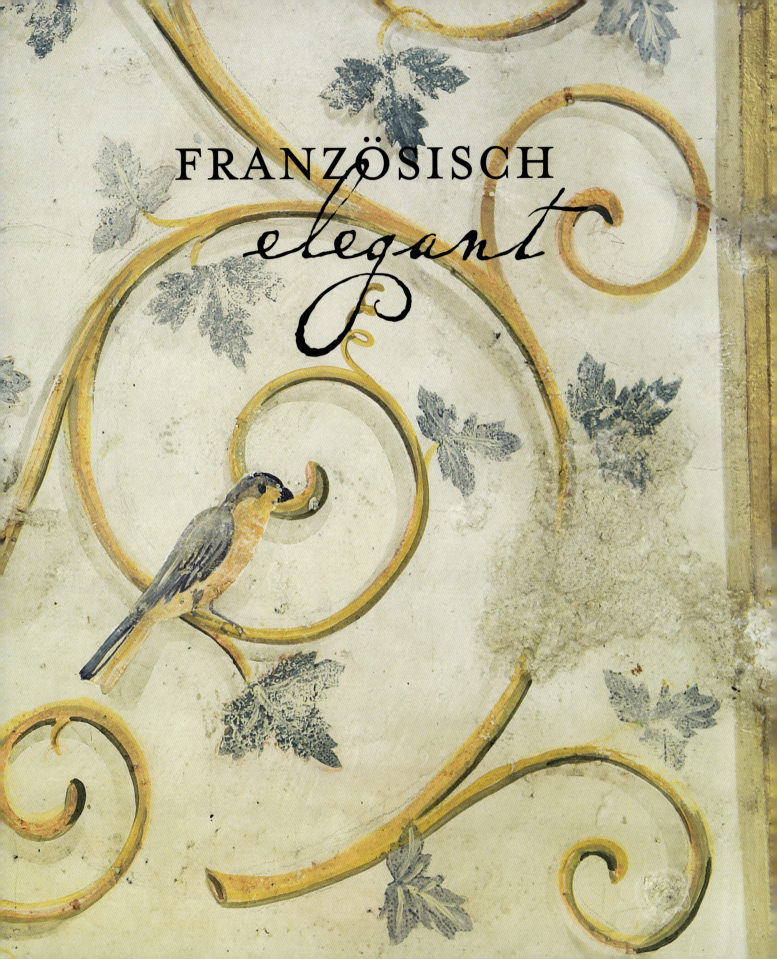
FRANZÖSISCH
elegant

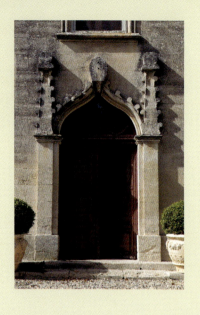

Château de Christin, der einstige Sitz der Familie de Baschi, die von Ende des 16. bis Mitte des 18. Jahrhunderts über die Region herrschte, ist wunderschön. Das Schloss liegt auf dem Land nahe der Kleinstadt Sommières im Gard.

GEKRÖNTES HAUS

Auf den ersten Blick wirkt das Château de Christin nicht wie ein Schloss, sondern wie ein großes Herrenhaus. Im venezianischen Stil aus Stein erbaut, ist es mit einem verzierten Blendgiebel geschmückt, der ihm eine Krone aufzusetzen scheint. Nach dem Tod des letzten Baschi 1777 erwarb es die Familie d'Urre; sie war es auch, die den Diadembogen nach der Französischen Revolution aufs Dach setzte, um den unteren Schichten ihre Verbundenheit mit dem Königshaus zu signalisieren.

Als Olivier Delafargue, ein Geschäftsmann, und seine Frau Nina 2006 von Marseille hierherkamen, passte das Château ihnen so gut wie der Glasschuh der Märchenfigur. Das Paar scheint ein traumhaftes Leben zu führen, obwohl

OBEN *Die Besitzer bezeichnen die Fassade des Château de Christin als venezianisch. Auf jeden Fall wirkt sie unwiderstehlich, fast wie im Märchen.* **RECHTS** *Der Brotbackofen in diesem riesigen Steinkamin zeigt, dass das Zimmer neben der Halle wahrscheinlich einst als Küche diente. Hier wird zwar nicht mehr gebacken, wenn aber im Winter zwei Meter lange Eichenholzscheite darin glimmen, strahlt er beachtliche Hitze aus.*

Französisch **elegant** 59

LINKE SEITE *Die Tür vom Esszimmer in die Küche ist geschickt in der* boiserie *(Täfelung) verborgen.* **OBEN** *(von links) Detail eines Lüsters aus dem 19. Jahrhundert, in den der namhafte französische Innendesigner Richard Goullet originellerweise Besteck mit Elfenbeingriffen gehängt hat. Zur Sammlung gehören noch viele weitere Kupfertöpfe. Tassen mit grüner Glasur findet man in Frankreich überall, doch diese erfreut durch ihre aparte Form.* **UNTEN** *Das weiße Steingutgeschirr ist zwar in Gebrauch, steht aber auch zum Verkauf.*

es bestimmt nicht leicht ist, das Haus zu unterhalten. Es ist nicht nur ihr Zuhause, sondern auch ein Hotel mit fünf Zimmern im Haupthaus und weiteren in den ehemaligen Stallungen. Eine große Familie oder eine Gruppe von Freunden kann sich hier ein, zwei Wochen wie im Märchen fühlen.

Weil ich, wie ich bekennen muss, dem Zauber ihres Heims erlegen bin, habe ich für Nina und Olivier eine Ausnahme gemacht und sie in das Buch aufgenommen. Sie sind keine Antiquitätenhändler im engeren Sinne, doch auch sie kaufen und verkaufen.

LINKS *Palmen und ihre Blätter standen einst für Sieg, Frieden und Fruchtbarkeit. Dieses schön gebundene illustrierte Buch gewährt tieferen Einblick in die Materie.*

Gäste, die vom Komfort eines *lit bateau*, von der Romantik eines Diners unterm funkelnden Lüster oder der erhabenen Erfahrung, auf einem Feldbett aus den 1940ern am Pool zu dösen, betört sind, können diese erinnerungsträchtigen Gegenstände mit nach Hause nehmen: Schauen Sie genau hin – an allem (nun ja, an fast allem) klebt diskret ein Preisschild.

Der Garten ist so prächtig, wie man es bei einem solchen Haus erwarten darf. In gepflegten Beeten blühen Rosen in Weiß und Rosa wie frisch gesponnene Zuckerwatte und mit dem typischen Duft der Alten Rosen. Es gibt auch einen Olivenhain mit einem großen *bassin* und Steinskulpturen, einen Küchengarten mit überdachten Sitzgelegenheiten und einen von Rosen überrankten Wandelgang. Der von einer Hecke aus Buchskugeln gesäumte Poolbereich mit herrlichem Blick übers Land ist vom Haus aus nicht einsehbar.

Häuser mit eigener Kapelle sind eher selten. Diese hat offenbar wenige Besucher, überall hängen Spinnweben. Doch die Wand hinter dem Altar mit ihrer exquisiten Bemalung wird auch überzeugte Atheisten beeindrucken. Das kräftige Himmelblau des Hintergrunds, das an Gewänder auf einem präraffaelitischen Gemälde denken lässt, kehrt im Gefieder der kleinen Vögel wieder, die flink von einem goldenen Efeuzweig zum anderen hüpfen.

LINKS *Die Diele vor den Gästezimmern ist groß genug für ein Mahagoni-Ruhebett. Die alten Schaubilder führen das botanische Motiv aus der Suite für Pflanzenkundler hinter der Doppeltür fort.*

RECHTE SEITE *Der geräumige Salon oben in den ehemaligen Stallungen hat viel Atmosphäre. Der Sessel, der sich wie Aschenputtel für den Ball feingemacht hat, wirkt vor dem majestätischen Steinkamin winzig.*

Ganz oben in den Privaträumen haben die Fenster gotisch anmutende Vierpassverkleidungen. Der Lehnstuhl aus dem 19. Jahrhundert in Ninas und Oliviers Schlafzimmer ist mit einem Toile de Jouy bezogen.

Seitdem Nina und Olivier im Château de Christin leben, haben sie in einigen Räumen ihre eigenen künstlerischen Vorstellungen umgesetzt, allerdings sehr behutsam. Statt einen x-beliebigen Maler oder Dekorateur zu beauftragen, baten sie einen guten Freund, den französischen Top-Innendesigner Richard Goullet, ihnen in seinem unverwechselbaren Stil den letzten Schliff zu geben: der Kalktünche fürs Schlafzimmer der beiden den richtigen Rosaton beizumischen, damit sie genau zur Farbe der Strauchrose 'Pierre de Ronsard' draußen passt, die Leuchter auf die Messer und Gabeln mit Elfenbeingriff abzustimmen und einen kleinen Stuhl in ein antikes Bettlaken zu hüllen, damit er einer Couture-Kreation von Christian Dior gleicht.

Über den herrschaftlichen Eingang im gotischen Stil gelangt man in die Schlosshalle, wo Besucher von einem eleganten Vogelkäfig begrüßt werden; seine

LINKS *In der Halle werden alte Jagdtrophäen präsentiert. Der Vogelkäfig aus dem 19. Jahrhundert steht nur zur Zierde da.*
OBEN *Die Fresken im Treppenhaus zeigen Wahrzeichen der Gegend, u. a. den sechzig Kilometer vom Château entfernten Pont du Gard. In Frankreich hat nur der Eiffelturm mehr Besucher.*

einzigen Bewohner sind zwei Küken aus Stein. Der Raum links der Halle, der als Büro und Rezeption dient, hat eine riesige Feuerstelle, die jedoch nicht mehr zum Kochen und Backen genutzt wird. Hinter der Halle liegt der Hauptsalon, ein formeller Raum mit Satin-Chaiselongues und anderen bequemen Sitzmöbeln, die schräg vor raumhohen Fenstern stehen und zum Blick in den Garten einladen. Links von diesem Salon befindet sich ein dunkler Raum mit Holzvertäfelung und grünen Chesterfield-Sofas

Französisch **elegant** 65

mit tiefem Knopfpolster wie in einem Herrenclub. Hier entspannen sich abends die Gäste und berauschen sich am Inhalt der Kristallkaraffen.

Vom Terrazzoboden in der Halle schwingt sich eine große Treppe, die – ungewöhnlich für Südfrankreich – mit einem Läufer belegt ist, in das Obergeschoss mit fünf Gästezimmern ganz unterschiedlicher Anmutung. Die Suite für Pflanzenkundler ist mit botanischen Drucken ausgestattet, das Blaue Zimmer zur Gartenseite je nach Tageszeit in wechselndes Licht getaucht. Das größte, das Marquis-Zimmer, hat eine herrliche Stuckdecke, und das Vogelzimmer ganz oben bietet einen grandiosen Blick auf Wälder, so dass sich die dort abgebildeten Bewohner wie zu Hause fühlen können. Worum es im Tulpenzimmer geht, liegt auf der Hand. Für welches Zimmer Sie sich auch entscheiden – jedes ist komfortabel und verfügt über ein eigenes Badezimmer.

Nach einem Bad in einer der gusseisernen Wannen können Gäste zum Abendessen bei Kerzenschein ins Esszimmer schlendern oder morgens im gepflasterten Innenhof vor der Küche das Frühstück einnehmen. Sie sollten nur nicht davon ausgehen, dass der bezaubernde Stuhl vom Vortag noch da ist – vielleicht haben die letzten Gäste ihn käuflich erworben.

OBEN LINKS *Im Patio vor der Küche werden im Sommer die Mahlzeiten eingenommen. Hier lassen sich auch gut Blumen arrangieren.*

OBEN RECHTS *Man muss schon laut klopfen, bevor sich ein 14 Jahre alter Hund erhebt. Die riesigen Keramiktöpfe stammen aus Anduze.*

OBEN *Diese recycelten leeren Joghurtgläser nehmen Teelichter für die abendliche Gartenbeleuchtung auf. Der antike Vogelkäfig wird nicht als solcher genutzt; das dekorative Stück ist von Wildem Wein berankt.*

RECHTS *Solche Statuen sind überall im Garten verstreut, doch nur wenige sind wie diese ohne Kopf.*
UNTEN *In diesem abgelegenen Gartenbereich lässt es sich unter schattenspendendem Vordach gut ruhen.*

OBEN *Der Überwurf mit Paisley-Muster aus dem 19. Jahrhundert und die Samtkissen auf dem Sofa nehmen ebenso wie der marokkanische Kelim die karminrote Farbe der sechseckigen glasierten Fliesen im Salon auf. Das reizvolle Sammelsurium auf dem Couchtisch reicht von einer facettierten Kristallkugel bis zu einem Lindenholzgefäß für abgebrannte Räucherstäbchen, die den Raum mit exotischen Düften füllen.*
RECHTS OBEN *Familienfotos und eine kleine Bibliothek schöner Kunstbände und Lieblingsromane füllen das schwarz lackierte Bücherregal.*

Obwohl er erst in den Fünfzigern ist, gibt es kaum einen erfahreneren Antiquitätenhändler als Jean-Louis Fages. Vor dreißig Jahren eröffnete er in der Altstadt von Nîmes seinen ersten Laden. Hier ist er geboren, und hier lebt und arbeitet er noch heute.

KURIOSITÄTEN-KABINETT

Der Laden an der Place du Marché mitten in Nîmes, den Jean-Louis heute führt, ist vollgestopft mit Nachbildungen in seinen Lieblingsstilen und -epochen, insbesondere Louis-quinze und 18. Jahrhundert. Originale solcher Stücke sind immer seltener zu finden. Die Wohnung, in der er mit seinem Partner Matthieu, einem Rechtsanwalt, lebt, liegt sehr stimmungsvoll im obersten Stock eines Gebäudes aus den 1830er Jahren mit Blick auf die Maison Carrée, einen römischen Tempel. Matthieu ist ein ebenso passionierter Sammler wie Jean-Louis, und die beiden ziehen oft zusammen los, um weitere Kuriositäten für ihr Zuhause aufzustöbern. Als sie die Wohnung 2003 bezogen, war sie kahl und leer, doch binnen kurzem hatte sie sich in ein elegantes Heim verwandelt.

Hinter der zweiflügeligen Wohnungstür öffnet sich ein kleiner, schwarz-weiß gefliester Flur. Die ineinander übergehenden Zimmer haben alle raumhohe französische Fenster. Sie führen auf einen Balkon, der sich um die ganze Wohnung herumzieht. Hier grünt ein Stadtgarten aus Topfpflanzen hoch oben über den schmalen, ruhigen Gassen auf der einen und dem breiten zentralen Boulevard von Nîmes auf der anderen Seite.

Der große Salon ist wie die anderen Zimmer stilsicher eingerichtet, wobei der schräge Touch durch maskuline Details konterkariert wird. Das große geschwungene Sofa mit dem Leopardenfell auf der Lehne wurde z. B. in mutigem Kontrast mit einem beigefarbenen karierten Leinenstoff bezogen. Da Matthieu häufig zu Hause arbeitet, gibt es in jedem Zimmer einen Ort zum Sitzen, Lesen und Notizenmachen. Im Salon besteht der Arbeitsplatz aus einem langen Esstisch aus Buche, der vor einem schwarz lackierten Bücherregal steht.

In gewisser Weise ist dieser Raum wie ein Museum: Alles ist kostbar und faszinierend, doch so, dass man es getrost anfassen mag, um es zu bewundern. In jedem Raum gibt es deckenhohe Originaleinbauschränke voller Karaffen, Vasen, Terrinen und Kerzenständer.

UNTEN *Im Atelier geben Berge von Kissen dem rotsamtenen* lit de repos *im Louis-seize-Stil etwas Einladendes. Die klassizistische Anmutung setzt sich in dem großen Stich darüber fort, der in einen schweren Goldrahmen gefasst wurde.*

RECHTE SEITE *(von links oben nach rechts) Karaffen mit Hunden aus Zinn, auch Möpsen, der Lieblingsrasse der Besitzer. Auf der Stehlampe sitzt ein Eisenvogel. Vor der blauen Wand kommt die englische Mahagonikommode gut zur Geltung.*

Französisch **elegant** 71

LINKS *Im Esszimmer lebt in einem indischen Käfig ein Stieglitz, der die Türklingel imitiert.* **RECHTS** *(von oben nach unten) Ein Bruchteil dessen, was es hier an Steingut und Tafelsilber aus dem 18. und 19. Jahrhundert gibt. Wenn man diesen reizenden kleinen Esel aus Kindheitstagen am Schwanz zieht, wackeln seine Ohren! Walnüsse und Mandarinen auf einem Bauerntisch wecken Assoziationen an alte Stillleben.*

Jean-Louis ist Spezialist für Beleuchtung; maßgefertigte Lampenschirme stellen einen bedeutenden Teil seines Sortiments dar. Wie zu erwarten, ist die Beleuchtung in der ganzen Wohnung gut durchdacht: Die Lampen sind präzise ausgerichtet und per Fernbedienung an- und auszuschalten, die Lüster mit Dimmer ausgestattet, und Kerzen sorgen für Atmosphäre.

Das Atelier ist in einem kräftigen, »Sainte Vierge« genannten Blau gestrichen und wirkt doch zurückhaltend wie ein englischer Herrenclub. Hier stehen einige schöne englische Mahagonimöbel aus dem 18. Jahrhundert – die beiden hegen für diese Epoche eine ähnliche Passion wie für Louis-quinze. Auf dem Louis-seize-Ruhebett in rotem Samt halten die beiden Möpse des Paars am liebsten ihr Nickerchen. Als Motiv taucht diese Hunderasse in der Wohnung häufig, aber nicht aufdringlich häufig auf: auf

LINKE SEITE *Der ernste Korsar auf dem französischen Ölgemälde aus dem 18. Jahrhundert im schlichten Goldrahmen wacht über das Abendessen. Darüber entfaltet der Lüster aus Goldbronze und Kristall seinen Zauber.*

Seidenkissen, als Papierzeichnung oder klitzekleine Zinnfiguren.

Im apfelgrünen Esszimmer ist ein winziger Stieglitz zu Hause, der mit seiner täuschend echten Nachahmung der Türklingel alle zur Verzweiflung bringt. Die Möbel – ein englischer Esstisch aus Mahagoni, ein moderner Konsolentisch, ein französischer Lüster aus Goldbronze und Kristall – sind eine Mischung von Stilen und Epochen und harmonieren doch gut miteinander. Als Ensemble wirken sie sehr französisch.

Der Mittelpunkt der Wohnung ist die kleine Küche. Dieser kompakte Raum ist mit Apothekergläsern aus dem 19. Jahrhundert, Mörsern aus Marmor und *confit*-Gefäßen aus weißer Keramik vollgestopft. Alle diese schönen Objekte sind keine Ausstellungsstücke, sondern für den Alltagsgebrauch bestimmt. Das gilt natürlich auch für den aromatischen Thymian, die Petersilie, den Salbei und den Rosmarin, die in Terracottatöpfen auf der kleinen Terrasse vor der Küche stehen.

Gleich beim Betreten der Wohnung wird jedem klar, dass Plagiieren *chez* Fages nicht angesagt ist. Eine untrügliche Balance von Lässigkeit und Eleganz kennzeichnet dieses gemütliche, wohnliche Heim, ein funktionierendes Kuriositätenkabinett, in dem alles erlaubt ist.

LINKS OBEN *In der kleinen Küche ist genug Platz für ein Mittagessen à deux.* **LINKS** *Auch das Präsentieren von Zwiebeln will gelernt sein!* **RECHTE SEITE** *(von links oben nach rechts unten) Diese mit Magneten befestigten Gewürzdosen wirken wie eine Installation. Über dem Küchentisch hängt ein niederländischer Leuchter aus dem 17. Jahrhundert, ein Erbstück. Ein Stapel antiker Bettwäsche mit Spitzenbesatz. Im Hauswirtschaftsraum fungieren neben Schranktüren auch Vorhänge als Sichtschutz.*

Franck Delmarcelle ist zu beneiden: Die Arbeit ist seine Passion. Er lebt, um zu arbeiten, nicht umgekehrt — und so gefällt es ihm. Arbeiten und Leben liegen für ihn ganz nah beieinander: Von seiner eleganten Pariser Wohnung sind es nur fünf Minuten zu seinem Antiquitätengeschäft.

WUNDERSAME WESEN

Der Antiquitätenladen Galerie Et Caetera, den Franck Delmarcelle 1998 eröffnete, liegt an der Rue de Poitou im Marais. Die Öffnungszeiten sind begrenzt, man kann aber einen Termin vereinbaren. Das ist kein Gehabe, denn Franck tanzt auf vielen Hochzeiten, unterhält seine Kunden bei sich zu Hause oder macht das, was Händler am liebsten tun – unterwegs sein und neue Stücke für Laden oder Wohnung aufstöbern.

Franck ist im Antiquitätenhandel das, was Christian Lacroix in der Mode ist – er hat kein Konzept, sondern einen emotionalen Zugang zur Welt des Sichtbaren, mischt Stile und Objekte und stimmt sie aufeinander ab. Als erfahrener Innenarchitekt bekommt er viele Anfragen von Hochglanzmagazinen für Modeshootings.

Francks Lebenspartner Laurent Dombrowicz ist in der Welt der Mode eine bekannte Figur. Wie in der Stadt üblich, haben die beiden eine Mietwohnung, eine von

Aus klobigen Geländerteilen wurden Lampenfüße. Sie rahmen die Ausstellungsstücke auf dem Salontisch, zu denen eine Glashaube mit getrockneten Hortensien, zwei Gesichtern ähnelnde Steine, ein versteinerter Pferdekopf, eine ausgestopfte Katze und eine religiöse Figur gehören. Dahinter lehnen vier Architekturdrucke an der Wand.

zehn in einem Gebäude, das teils aus dem 18., teils aus dem 19. Jahrhundert stammt. Für Pariser Verhältnisse ist sie mit 120 Quadratmetern relativ groß. Auch wenn ihnen ihr Zuhause nicht gehört und sie dort noch nicht lange wohnen, haben sie ihm ihren Stil aufgeprägt.

Die Diele ist der erste von sieben ineinander übergehenden Räumen, die alle recht groß sind. Der schwarz-weiße Fliesenboden setzt sich in der Küche fort und findet sich auch im Bad. Die Diele ist so geräumig, dass auch größere Möbelstücke darin Platz finden, darunter ein besticktes Sofa aus dem 18. Jahrhundert mit einem Preisschild (ist es gerade aus dem Geschäft gekommen oder auf dem Weg zu einem Käufer?). Unter Motorradhelmen,

LINKE SEITE *Im Winter wird das Feuer im Marmorkamin des Salons mit Blasebälgen angefacht, die echte Schildkrötenpanzer schmücken. Eine Schildkröte hockt auch vor den Spiegeln aus dem 18. Jahrhundert auf dem Sims.* **OBEN** *Im Schlafzimmer bilden die roten Samtkissen einen kräftigen Farbtupfer.* **UNTEN** *Im Salon ist alles in perfekter Symmetrie austariert.*

OBEN *(von links) Ein großes flämisches Reliquiar eines heiligen Antonius mit Kapuze aus dem 17. Jahrhundert im Esszimmer. Feigen auf dem Esstisch. In der Glasvitrine im Esszimmer drängen sich ausgestopfte Vögel mit schönem Originalgefieder.* **RECHTE SEITE** *Ein schwedischer Bauerntisch aus dem 18. Jahrhundert und vier Stühle mit Sitzpolstern aus rissigem Leder stehen auf Fischgrätparkett. Ihre Patina kontrastiert mit dem glänzenden neuen Anstrich der maßgefertigten deckenhohen Schauvitrinen.*

Kleidung vom Laufsteg, etlichen schwarzen Mänteln und noch mehr schwarzen Stiefeln ist es allerdings kaum zu sehen.

Die Ästhetik des Paares ist in jeder Hinsicht allumfassend. Die exzentrischen Dekorationsobjekte reichen von einem ausgestopften Hasen aus Patagonien über Sammlungen von Bauernsilber und Fliegenpilzen aus Beton bis zu einer Schreibtischlampe aus dem Brustkorb eines Mädchens und einem Herz Jesu aus Goldblech. Überall finden sich religiöse Bildnisse und ausgestopfte Geschöpfe. Für Franck und Laurent hat Taxidermie nichts Makabres, dient sie doch dazu, die Schönheit von Tieren über ihren Tod hinaus zu bewahren. Und ihre Vorliebe für religiöse Kunst hat nichts mit ihrem Glauben zu tun, sondern mit ihrem Sinn für die Kunstfertigkeit und Sensibilität der Schöpfer dieser Werke.

Im ersten Zimmer, einem Atelier mit Gästebereich, herrscht ein eklektischer Stilmix: Hier stehen ein Bauerntisch, ein verschnörkelter Barocktisch, zwei Louis-quinze-Stühle und ein *lit de repos*, das Franck mit einem Metallgestell gekrönt hat. Im schlichteren Esszimmer nimmt ein aus recyceltem Material maßgefertigter Schrank mit Glasfronten und Blattgoldverzierungen eine ganze Wand ein. Beleuchtet von Lichterketten, wurden darin noch

apartere Einzelstücke zu einem harmonischen Ganzen gefügt – von Korallen, Muscheln, Schmetterlingen und dem Panzer einer riesigen Küchenschabe bis zu einem Citroën-Modellauto aus den 1950ern, das einen MP3-Player verbirgt, weiterer religiöser Kunst und ausgestopften Tieren. Bücher, Zeitschriften und CDs sind in den Unterschränken verstaut. Die Wände in Blau schaffen eine lässig-kultivierte Aura und bilden die passende Kulisse für den schwedischen Esstisch mit Stühlen aus dem 18. Jahrhundert. Auf einem schlichten Tisch aus dem 19. Jahrhundert wacht ein wertvolles flämisches Holzreliquiar vom Ende des 17. Jahrhunderts über den Raum.

Das nächste Zimmer – der Salon – wirkt eindeutig belgisch; kein Wunder, Laurent ist gebürtiger Belgier. Die Wände sind in einer sicher gewählten Braun-Grau-Nuance gestrichen, und schöne sechseckige Fliesen bedecken den Boden. Die grob gezimmerten Fensterläden aus alten Gerüstbohlen bilden einen mutigen Kontrast zu den schicken Polstersofas, während Gartenskulpturen im Innenraum von Stilwillen zeugen. Auch in diesem Zimmer finden sich wieder *objets morts*, deren auffälligste ein ausgestopftes Stachelschwein und eine seltene Pazifische Sumpfschildkröte sind.

Im kompakten Schlafzimmer wurde der Platz geschickt genutzt. Die Täfelung hinter dem Bett scheint reine Zierde zu sein, tatsächlich handelt es sich dabei aber um Schranktüren, hinter denen alles versteckt wird, was nicht offen herumliegen soll. Das einzige Möbelstück abgesehen vom Bett ist eine Sitzbank mit Geflecht, die die ganze Breite der Fenster-

front einnimmt; auch hier bestehen die Fensterläden aus recyceltem Material. Der Raum ist schmucklos und aufgeräumt – perfekt zum Schlafen.

Trotz ihrer zauberhaften Pariser Wohnung verbringen Franck und Laurent viel Zeit in ihrer *maison de vacances* in der Picardie. Ganz in der Nähe liegt die *chambre d'hôtes*, die sie wiederherrichten. Das Projekt verspricht ein ähnlicher Erfolg zu werden wie die anderen Besitzungen, denen sie ihren Stempel aufgedrückt haben. Eine Sammlung ihrer *objets morts* wird sicherlich auch hier die Regale füllen. Gäste sollten mit allem rechnen …

LINKE SEITE *Das Blau des Esszimmers bildet die perfekte Kulisse für die goldenen und schwarzen Rahmen der um den Kamin versammelten Bilder und Spiegel. Es kehrt in der Wedgwood-Tafel der Justitia und im zarten Schmuck der hohen Kerzenständer wieder. Das ist natürlich kein Zufall, sondern das Werk eines erfahrenen Stylisten.* **OBEN** *Korallen in einer gusseisernen französischen Gartenurne.*

OBEN *Dem Ruhebett (19. Jahrhundert) im Atelier gab Franck durch ein Eisengestell mit vergoldeter Holzkrone eine individuelle Note.* **RECHTS** *Dem Regen ausgesetzte, von der Sommersonne gebleichte und von Väterchen Frost beschädigte Skulpturen bekommen über die Jahre eine Patina, die sich nicht imitieren lässt. Diese klassizistische Figur mit Krug hat das Glück, nun vor den Elementen geschützt zu stehen.* **RECHTE SEITE** *Francks und Laurents Obsession für* **objets morts** *hat nichts Makabres. In ihrer eindrucksvollen, über die Wohnung verteilten Sammlung ausgestopfter Vögel und anderer Tiere finden sie im Gegenteil echte Schönheit. Wie die Protagonisten in dem Kultfilm* **Harold und Maude** *haben sie große Achtung vor dem Tod. Ihr Motto lautet: »Liebe macht schön.«*

Spencer Swaffer ist wohl der derzeit beste britische Antiquitätenhändler. Bevor ich selbst einstieg, haben mir Freunde aus Suffolk von seinem guten Auge und seiner grenzenlosen Energie vorgeschwärmt.

BLUMENSPRACHE

Egal welche Messe Sie in Großbritannien oder auch in Frankreich besuchen, Sie können sicher sein, Spencer war vor Ihnen da und hat auf die besten Stücke sein »Verkauft«-Schild gedrückt. Es zeigt die gewölbte Fassade seines feinen elisabethanischen Geschäfts in Arundel in West Sussex, wo alle seine Erwerbungen landen, bevor sie an anspruchsvolle Händler, Innenarchitekten und Endkunden in aller Welt weiterverkauft werden.

LINKS *Im gemütlichen Wohnzimmer verbinden sich harmonisch die Vorlieben des Paares. Die Lampenschirme stammen aus Vanessa Bells Charleston Farmhouse, und die kostbaren Wandleuchter aus Bergkristall von Baguès wirken daneben nicht deplatziert.* **UNTEN** *Spencer braucht den Besuch von Antiquitätenmessen wie die Luft zum Atmen.*

Französisch *elegant* 87

DIESE SEITE *Dieser italienische Wandleuchter aus den 1920ern gehört zu Spencers ersten Erwerbungen auf seinen Einkaufsreisen in Frankreich.* **RECHTS** *Solche zarten Kronleuchter hat Spencer auch in seinem Geschäft vorrätig. Die englischen Esszimmerstühle sind aus den 1830er Jahren.* **RECHTS UNTEN** *»Denn der Unendliche hat in den Himmel seinen Namen in glühenden Sternen gesäet; aber auf der Erde hat er seinen Namen in sanften Blumen gesäet.« (Jean Paul, 1763–1825)*

Der in Brighton geborene Spencer stieg mit zwölf Jahren in den Antiquitätenhandel ein. Als Kind war er ein Einzelgänger und sammelte auf Strandwanderungen Steine und Muscheln. Flohmärkte waren für ihn die Erfüllung seiner Träume, und um seine Erwerbungen auszustellen, richtete er in seinem Zimmer ein Museum ein. 1962 wurde er von einem TV-Sender interviewt. So wurde ein findiger Antiquitätenhändler auf ihn aufmerksam und schaute bei ihm vorbei; Spencer verlangte zwei Pence Eintritt von ihm. Der Händler bot ihm fünfzig Pfund für ein paar Schätze, und der Rest ist Geschichte. Mit zwanzig verlor Spencer seine Eltern; er verkaufte ihr Haus und erwarb 1974 den Laden in Arundel, den er heute noch betreibt und der wie eh und je floriert.

Das Geschäft befindet sich in einem wunderschönen, 1850 er-

OBEN (*von links*) *Unter diesen alten französischen Goldlettern lässt es sich im Gästezimmer gut schlafen. Im Bad wurden* paniers de fleurs *von Konsolentischsockeln kunstvoll an der Wand arrangiert. Ein Sims, robust genug, um Gläser voller Muscheln und Steine zu tragen, wurde rund ums Badezimmer geführt.* **RECHTE SEITE** *Auch im Atelier finden sich Blumenbilder. Der Stuhl aus Bergahorn (um 1900) wurde einst in einer Baumwollspinnerei in Lancashire von Webern benutzt.*

richteten Gebäude – ursprünglich ein Wirtshaus –, in dem die auf vier Stockwerke verteilten Bestände rasch umgeschlagen werden. Seit Jahren hat Spencer dasselbe treue Personal, was ihn als guten Chefs ausweist. Alle Kunden werden mit Vornamen angeredet und stets mit Kaffee, Tee oder Wein begrüßt. Der durchdacht angelegte und gepflegte Hintergarten ist eine Augenweide. Hier steht ein romanischer Brunnen, der als Fontäne und Gartenskulptur wiederauferstanden ist und eine Stimmung wie vor einem prächtigen Landhaus hervorruft. Im Schutz hoher Backsteinmauern – der Außenmauern von Arundel Castle – herrscht hier ein Mikroklima, in dem auch subtropische Pflanzen gedeihen.

Das Haus, in dem Spencer unweit des Ladens mit seiner hübschen, lebhaften Frau Freya lebt, ist ebenfalls eine Pracht. Die meisten Häuser in Arundel wurden im 18. oder 19. Jahrhundert aus Backstein erbaut, so auch das einzeln stehende Stadthaus der Spencers mit seiner symmetrischen Fassade im Stil Georgs I. Hinter der roten, von weißen Säulen und von Palmen gerahmten Tür könnte man ein formelles Interieur vermuten, tatsächlich aber verrät die Einrichtung wie bei allen Antiquitätenhändlern viel über deren geschäftliche Ausrichtung. Spencer entspricht in dem Punkt ganz dem Klischee.

Von Zeit zu Zeit werden in allen Behausungen Objekte aus rein ästhetischen Gründen ersetzt, doch bei Antiquitätenhändlern findet dieser Austausch mit erschreckender Regelmäßigkeit statt. Wenn ein besseres Stück auftaucht, wird sein Vorgänger schleunigst in den Laden zurückgebracht. Doch es kommt eine Zeit, in der der Spaß am Wechsel nachlässt, und für Spencer gilt: Sein Zuhause hat den Zustand der Perfektion erreicht. Es hat eine kargere und stärkere Ethno-Anmutung als der Laden und einen markanten Bloomsbury-Touch, doch dass es sich um das Heim eines Tophändlers handelt, steht außer Frage.

OBEN LINKS *Diese auffälligen Gefäße in Tierform sind schöne Beispiele für glasierte Keramik, wie sie Anfang des 19. Jahrhunderts rund um Toulouse produziert wurde.* **OBEN RECHTS** *Die Sammlung ungerahmter Ölgemälde in der Küche verbreitet Bloomsbury-Flair.* **UNTEN LINKS** *Ein Stillleben aus realen Lebensmitteln vor dem Abbild eines Wasserkrugs aus Keramik.* **RECHTS OBEN** *Schilder für Weinfässer aus dem 19. Jahrhundert aus einer Kellerei im Burgund.* **RECHTS** *Im Keller des Hauses wurde ein Weinregal in eine Wand eingepasst.*

Wenn ein Kind ein Haus zeichnen soll, setzt es die Tür in die Mitte und die Fenster beidseits daneben. Ein solches Haus ist angenehm zu bewohnen, weil es im Erdgeschoss viel Platz bietet und man sich beim Eintreten nach links und nach rechts wenden kann; so entsteht ein Gefühl der Ausgewogenheit. Bei Spencer liegt rechts der Diele das Esszimmer mit einem schlichten, eleganten Bücherschrank, dessen Glasfront gotisch inspirierte Bögen schmücken. Links befindet sich das gemütliche Bloomsbury-Wohnzimmer.

Dessen Fortsetzung ist die Küche. Die fünf großen goldenen Lettern S.M.I.L.E. über dem Eingang helfen gegen schlechte Laune – wie die wunderbar heitere Stimmung im ganzen Haus. Nicht verwunderlich, dass Freya im sparsam eingerichteten Schlafzimmer vor deckenhohen Fenstern mit eleganten Läden im Kolonialstil Yogaübungen macht.

Freya liebt Blumen, und die Küche ist vollgehängt mit Bildern von Blumensträußen, viele ungerahmt. Vielleicht findet sich darunter ein unbekanntes Werk von Vanessa Bell? Eisenhut und Wicken, die kunstvoll in *confit*-Gefäßen und Töpfen arrangiert sind, stammen aus dem mit viel Liebe gehegten Garten. Er liefert auch alles Gemüse, das bei den Swaffers auf den Tisch kommt.

Vor ein paar Jahren ist Spencer auf einem Auge erblindet, doch er nimmt es nicht übel, wenn man ihn damit aufzieht, dass niemand ein so gutes Auge habe wie er. Dass er es hat, liegt vielleicht an den vielen Möhren, die er isst.

Französisch *elegant*

DIESE SEITE *(von links oben nach rechts unten)* Das himbeerfarbene, mit Gold verzierte Eisentor führt vom Garten zum Gewächshaus aus Backstein, wo in alten Mörsergefäßen aus Marmor Sukkulenten sprießen, Ochsenherz-Tomaten heranreifen und rote Zwiebeln zum Trocknen hängen. Das Ölgemälde ist von einem Tuschkasten inspiriert; die aufeinander abgestimmten Farbkleckse wurden mit dem Daumen aufgetragen.

RECHTE SEITE Im Gewächshaus lenkt diese herrliche alte französische Flügeltür die Blicke auf sich. Durch den raffinierten Einsatz von Spiegeln hinter dem Eisengitter mit Disteldekor hat sie ein neues Gesicht bekommen.

94 Französisch **elegant**

Alles an Christine Nossereau strahlt Schönheit aus – sie sieht umwerfend aus und hat einen unfehlbaren Geschmack. Dies zeigt sich beim Besuch ihres exklusiven Ladens und Hauses in der malerischen provenzalischen Stadt L'Isle-sur-la-Sorgue, in der der Handel mit Antiquitäten großgeschrieben wird. Hier gibt es mehr Händler als im ganzen übrigen Frankreich, Paris ausgenommen.

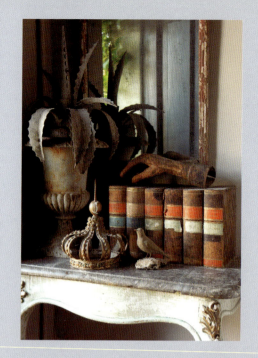

TIERZAUBER

Die Sorgue, ein von alten Wassermühlen gesäumter Fluss, windet sich durch die Stadt. Am einen Ufer liegen belebte Bars, Cafés und Restaurants, gegenüber stehen dicht an dicht Antiquitätengeschäfte. Hier gibt es alles – von Relikten einer Kirche aus dem 17. Jahrhundert bis zu Vallauris-Töpferwaren aus den 1960er Jahren. In der Innenstadt von L'Isle werden jeden Sonntag provenzalische Delikatessen, Kleidung, Kunsthandwerk und Antiquitäten in verführerischer Vielfalt feilgeboten. Ostern und Mitte August findet zusätzlich im berühmten Parc Gautier und in den Straßen ringsum ein reiner Antiquitätenmarkt statt. Die Stimmung ist großartig, man muss einfach dabei sein.

Da Christine ein untrügliches Auge hat, findet sich in

LINKS *Zwei Barhocker für einen Espresso sind die einzigen Sitzmöbel in der Menagerie, die sich Küche nennt.* **OBEN** *Der Tisch mit Cabriolbeinen und Marmorplatte am Eingang ist so vollgestellt, dass für die Schlüssel kaum Platz ist. Ein Blechkaktus sticht mit seinen Stacheln neckisch die Hand einer Schaufensterpuppe.* **RECHTE SEITE** *Im Familienzimmer laden eine moderne Couch, ein Chesterfield-Ledersofa und ein französischer fauteuil aus dem 18. Jahrhundert zum Ausruhen ein.*

98 Französisch **elegant**

LINKS In der Diele verschwindet ein schwedischer Klapptisch aus dem 18. Jahrhundert mit blauem Originalanstrich fast unter seiner Last von klassizistischen Figuren aus Holz und Gips. Ihre zarten Kitttöne kehren bei den in Pergament gebundenen Büchern wieder. **OBEN** Da in einen Citroën Deux Chevaux nicht einmal eine Kommode passt, fahren Antiquitätenhändler einen Volvo-Kombi oder einen Mercedes-Van — so auch Christine, wenn sie mit einem solchen Trupp Pferde unterwegs ist.

Französisch *elegant* 99

ihrem Geschäft von allem das Beste, von schönen, deckenhohen, geschnitzten korinthischen Säulen und feinen italienischen Spiegeln aus dem 17. Jahrhundert bis zu Aussteuerschränken aus dem 18. Jahrhundert und vielen, vielen Holzpferden.

Wie zu erwarten, ist auch das Einfamilienhaus aus dem 19. Jahrhundert mit – für L'Isle eher ungewöhnlich – großem Garten, in dem Christine mit ihrem Mann Denis, einem Architekten, lebt, voll solcher Spitzenerzeugnisse. Gelegentlich schaut Sohn Thibault vorbei, der von den Eltern den *goût impeccable* geerbt hat und auf dem berühmten Marché Paul Bert in Paris Antiquitäten verkauft.

Die Nossereaus sind Trendsetter, und die Art, wie Christine höchst effektvoll Objekte zusammenbringt und präsentiert, hat schon viele dazu inspiriert, in ihre Fußstapfen zu treten. Wenn die höchste Form der Schmeichelei darin besteht, imitiert zu werden, dann kann Christine sich sehr geschmeichelt fühlen – auch wenn kein Nachahmer an sie heranreicht.

Trotz ihres Aussehens lässt Christine sich nicht gern fotografieren, doch als es darum ging, ihre riesige Sammlung von Schätzen vor der Kamera zur Schau zu stellen, war sie unglaublich offen und freundlich. Überall im Haus stößt man auf Tiere, doch die meisten haben sich in der Küche versam-

LINKS OBEN *Wer sich diese Sammlung von Miniatureseln genau anschaut, wird auf dem Rücken eines jeden Tieres ein Kreuzzeichen entdecken.* **LINKS** *Eine Lampe aus Lichterketten beleuchtet den oberen Treppenabsatz.*

RECHTE SEITE *Schlafgäste müssen sich darauf einstellen, das Bett mit jemandem zu teilen: Die liegende Frau ist immer auf dem alten Hirtenbett mit tiefem Knopfpolster und antikem Leinenbezug zu finden.*

melt. Dort finden sich Reklameschilder mit Katzendarstellungen, Bilder von Pferden vor dem Pflug und Zinnfiguren in Kuhgestalt. Trotzdem ist es eine funktionstüchtige Küche mit den ursprünglichen weißen Craquelékacheln und einem schwarzen Lacanche-Herd.

Christine liebt Pferde und versteht etwas vom Reiten, und so begegnet man Pferden im ganzen Haus. In der Diele stehen auf dem chinesischen Schrank aus dem 18. Jahrhundert mit Originalpatina nicht weniger als neun bemalte Holzpferde; viele weitere auf dem Boden kommen hinzu. An der Wand hängt majestätisch ein gewaltiger Pferdekopf aus Gips.

Der größte Raum im Haus ist das Esszimmer. Fenster mit Läden lassen von beiden Seiten Tageslicht herein, das in Sprenkeln durch die an der Außenfassade wuchernde Scheinrebe dringt. Der große

italienische Esstisch aus dem 18. Jahrhundert ist mit Silbertabletts, einem Kamel aus Pappmaché (ein Geschenk von Denis zum Hochzeitstag), geschnitzten Kerzenhaltern und Kristallkaraffen beladen. Wer hier im Winter auf schwedischen Stühlen aus dem 18. Jahrhundert zum Speisen Platz nimmt, fühlt sich ein wenig wie in dem wunderbaren Film *Babettes Fest*.

LINKS OBEN *Im Hauptschlafzimmer herrscht die Dreizahl vor: Auf dem Nachttisch stehen vor drei kunstvoll geschnitzten italienischen Kerzenhaltern drei streng blickende Schaufensterpuppenköpfe.* **LINKS** *Das moderne Triptychon über dem Bett ist der optische Ersatz für das Kopfteil.* **OBEN** *Nichts sehen, nichts hören, nichts sagen!* **RECHTS** *Das nach Osten ausgerichtete Bad, in frühmorgendliches Licht getaucht. Taschen, Bodenmatten und Stuhlbezüge aus antiker Bettwäsche stammen von Les Habits 9, zwei Kreativen aus der Gegend.*

Im gemütlichen Familienzimmer, ebenfalls im Parterre, steht ein großes, tiefes Sofa mit Knopfpolster unter einem Lampenmobile aus Notizen, Postkarten und Einladungen von Ingo Maurer. Dieser Raum führt zur *pièce d'inspiration*, einer Werkstatt mit Büro, in der mit Holzteilen und Stofffetzen hantiert wird, um beschädigten Stücken neues Leben einzuhauchen, und Puppenteile eine so liebevolle Behandlung erfahren, dass sie als wieder vollständige Wesen in den Laden zurückkehren können.

Zwei separate, karminrot geflieste Treppen führen in das Obergeschoss mit sieben weiteren Zimmern und noch mehr Tieren. Überall stehen Pferde und Kamele, doch am bezauberndsten sind die Eselchen. Im Gästezimmer liegt auf dem Bett, das einst ein Hirte für sein Mittagsschläfchen nutzte, als Dauergast die Holzskulptur einer schlafenden Frau. Abgesehen von einem über dem großen Bett hängenden Gemäldetriptychon, das Zénitran, ein mit dem Paar befreundeter Künstler, geschaffen hat, sind die Bäder und die Beleuchtung das einzig Moderne in diesem Geschoss.

An der Rückseite des Hauses erstreckt sich in voller Länge eine große Terrasse mit Pergola. Immer, wenn das Wetter es erlaubt, wird hier an einem Tisch mit Zinkplatte gegessen, oft in Gesellschaft eines ausgestopften bekrönten Froschs, der dahockt wie ein verwunschener Prinz auf einem Seerosenblatt. Selbst in heißen Sommern bleibt der Garten üppig

Die Werkstatt mit Büro und Blick in den Garten ist lichtdurchflutet. Der riesige Refektoriumstisch dient als Puppenklinik, hier finden sich aber auch Kiesel, Steine und anderes Strandgut. Alles wartet auf Restaurierung oder kreative Umnutzung. Das blaue Boot **Providence** *auf dem riesigen Unterschrank aus einem Wäschegeschäft stammt vom Flohmarkt.*

Französisch **elegant**

LINKS UND LINKS UNTEN *Im Sommer lässt es sich an zwei kühlen, schattigen Plätzchen im Garten gut entspannen. Der runde Tisch mit vier Stühlen unter dem Glyziniendach einer Pergola eignet sich für zwanglose Mittagessen. Die Kaninchenecke verlockt eher zum einsamen Nachdenken.* **OBEN** *Der Froschkönig auf der Zinkplatte des Terrassentisches gibt der Szenerie etwas Märchenhaftes.* **RECHTE SEITE** *Die überdachte Terrasse ist quasi ein eigener Raum. Die mit alten Kletterpflanzen bewachsene Pergola hält ihn im Sommer angenehm kühl.*

grün. Für Abkühlung sorgen der Pool und ein paar schattige Ecken, es gibt aber auch Bereiche zum Sonnenbaden. Hier im Garten lauern ebenfalls Tiere: Auf einem alten Bistrotisch aus Metall macht ein weißes Steinkaninchen Männchen, und unter einer Trauerweide steht einsam in einem riesigen Metallrahmen ein aus Holz geschnitzter Widder, ein seltenes Stück *art forain* (Kirmeskunst).

In die Zeit, als in ihrem Haus fotografiert und dieser Text geschrieben wurde, fiel der Umzug der Nossereaus in die Normandie. So wird nun der Norden Frankreichs in den Genuss ihrer Schätze kommen. Doch zweifellos werden ihre treuen Kunden ihnen folgen, und die Antiquitätenmenagerie wird die neue Umgebung genießen. Wer nach L'Isle-sur-la-Sorgue kommt, kann sich trotzdem freuen – die neuen Hausbesitzer betreiben eine *chambre d'hôtes*, so dass auch Fremde diese Oase der Ruhe genießen können.

FRANZÖSISCH
eklektisch

In einem üppig grünen, von einem Bach durchflossenen Tal liegt mitten auf dem Land La Fabrique. Nichts deutet darauf hin, dass eine Familie sich hinter den imposanten, hoch aufragenden Mauern ein schickes, außergewöhnliches Heim geschaffen hat.

KEIN PAPPENSTIEL

La Fabrique hat eine enorme Größe: Das Zuhause von Bernard und Maxime Cassagnes war ursprünglich eine Papiermühle. Bernard, ein erfahrener Architekt, kaufte das Gebäude aus den 1890er Jahren im Originalzustand und zog 1981 hier ein; seine unkonventionelle Frau Max kam 1985 hinzu. Mit seinem geschulten Architektenauge hat Bernard ein wirklich bemerkenswertes Heim geschaffen.

Händler sprechen von ihm als Le Baron, ein Spitzname, den Studienkollegen ihm verpasst haben. Bernard betreibt sein Antiquitätengeschäft von der Mühle aus. Er handelt mit allem, was groß, schön und schräg ist; seine Spezialität ist *art forain* – Kirmeskunst –, wie sich an vielen Stücken im Laden und in den Wohnräumen zeigt.

Das Paar bewohnt nur einen kleinen Gebäudeteil. In der *cave*, dem großen Kellergewölbe, ist der Geist der Mühlenarbeiter noch allgegenwärtig. Hier bewahrt Bernard alles auf, was er fürs Restaurieren braucht, von Holzstapeln und Kisten mit Sprungfedern für Stühle bis zu Spiegelglas und antiken Glasscheiben. Als passionierter Sammler kann Bernard nichts wegwerfen: Für alles gibt es eine Verwendung.

LINKS OBEN *Die lebensgroße Reiterfigur in einer Ecke des großen Salons vermittelt einen Eindruck von den Ausmaßen dieses Raums. Der Reiter trinkt Vin tonique de la Durante aus dem Stiefel.* **LINKS** *Ein französischer Mahagoni-Schaukasten aus dem 19. Jahrhundert mit ausgestopften exotischen Vögeln.* **OBEN** *In diesem von Bernard, einem erfahrenen Architekten, gestrichenen Raum versammelt sich die Familie nach dem Abendessen z. B. zum Fernsehen — das Gerät verbirgt sich hinter den hohen kassettierten Türen.*

OBEN *(von links) Auf dem Verkaufsständer eines Chocolatiers tanzen Metallfiguren und – darunter – spärlich bekleidete Damen. Auf Höhe eines Fensters beschreibt die Treppe eine schwungvolle Wendung. Die Gipsstatue des römischen Feldherrn Marcus Antonius wurde für eine Theateraufführung angefertigt.*

Die Eingangstür in verblichenem Rot mit einer Lünette öffnet sich zu einer riesigen Halle, wo Eintretende von einem gewaltigen Marcus Antonius aus Gips, einem Theaterrequisit, begrüßt werden. Das ganze Erdgeschoss mit Kirchenorgel und einem Flugzeug vom Typ »Pou-du-ciel« (Himmelslaus) dient als Verkaufsraum.

Eine geschwungene Treppe mit alten Holzstufen führt zur schmalen Wohnungstür. Mit dem diskreten Hinweis »Essuyez vos pieds« werden Eintretende gebeten, sich die Schuhe abzuputzen. Auch wenn der Wohnbereich nur einen Bruchteil der Mühle einnimmt, ist er doch riesig. Im Gegensatz zu den Lager-, Arbeits- und Verkaufsräumen ist hier alles picobello und hinterlässt doch einen ebenso starken, wenn nicht stärkeren Eindruck.

Im Küchen-/Frühstücks-/Essbereich kleben ausgestopfte Reptilien an der Tür, und vor einem ausgestopften Fisch stehen Apothekergläser und Weinflaschen; das ist noch der dezenteste dekorative Touch. Sensible Essensgäste wissen es sicher zu schätzen, dass ein gelbes, reich besticktes marokkanisches Tuch aus dem 19. Jahrhundert den großen Esstisch bedeckt, denn er diente einmal, wie Eingeweihte an den Fußhebeln erkennen können, als Operationstisch. Darüber hängt passend eine Operationsleuchte.

Der große Salon ist, wie der Name schon sagt, das geräumigste Zimmer. Er hat einen schön gebohnerten Holzfußboden – Betreten mit Schuhen verboten – und wird von einem intarsiengeschmückten Roulettetisch beherrscht, der zum Schutz mit einer Glasplatte abgedeckt ist und als Couchtisch genutzt wird. Auch Alltagsgegenstände sind hier attraktiv verkleidet. So verbirgt sich hinter einer hohen Flügeltür ein Fernseher, und die Heizung an der Fensterfront ist hinter einem verschnörkelten Eisengitter versteckt, das einst einen der von Hector Guimard um 1900 entworfenen Jugendstil-Metroeingänge in Paris schmückte. Über allem thront eine lebensgroße Reiterstatue des Maréchal de Bassompierre, mit der für Vin tonique de la Durante geworben wurde.

Wenn man die knarrenden Stufen ins nächste Geschoss hinaufsteigt, wird man von zwei ausgestopften Löwen begrüßt, die rechts und links der Tür stehen. Da ihnen die Hinterteile fehlen, scheinen sie direkt aus der Wand herauszuwachsen. Wer die Tür durchschreitet, sieht sich in die Fantasywelt von Narnia versetzt. Vom langen Korridor gehen acht Zimmer ab, darunter das Schlafzimmer, Max' Atelier und ein riesiges Badezimmer.

LINKS *Im gemütlichen Frühstücksbereich zwischen dem funktionellen Teil der Küche und dem großen Esszimmer tauchen Max und Bernard ihre Croissants in den Kaffee, bevor für sie ein neuer, geschäftiger Tag in der Mühle beginnt.*

OBEN *Die weiß gekachelte Küche wirkt praktisch, zweckmäßig, pflegeleicht, ja bewusst klinisch. Von aufgereihten Fleischerhaken hängen Pfannen und Siebe herab. Alles wird von einer Operationsleuchte erhellt.*

Französisch **eklektisch**

OBEN LINKS *Bei dieser alten gusseisernen Originalwanne fällt einem Jacques Louis Davids Gemälde ein, das die Ermordung des französischen Revolutionärs Marat im Bad zeigt.* **OBEN RECHTS** *Im schlicht-eleganten Badezimmer oben lädt eine antike Wanne zu einem langen, luxuriösen Bad mit Blick hinab in den Garten und auf den Fluss ein.* **UNTEN LINKS** *Früher wurde überall in Frankreich das Wechselgeld auf solchen Tellern herausgegeben, auf denen der korrekte Betrag zu lesen war. Ein solcher Teller dient hier als Seifenschale.*

Im imposanten schiefergefliesten Bad stehen vier in Marmor gefasste Waschbecken aufgereiht vor Spiegeln, die von nackten Glühbirnen beleuchtet werden – ein Flair wie in einer Schauspielergarderobe. Von der gusseisernen Wanne mit Klauenfüßen lässt es sich ganz romantisch auf den Fluss herabschauen. Wer wenig Zeit hat, springt lieber unter die Dusche mit den antiken Armaturen und schiefergekachelten Wänden. Im ebenso eindrucksvollen Bad im Erdgeschoss mit ockergelb gestrichenen Wänden steht eine riesige antike Wanne in Rot.

Das Hauptschlafzimmer mit breiten Holzdielen und einem zarten Anstrich in Creme und Gelb wirkt intim. Im Wintergarten

Wenn in diesem ungewöhnlichen Bad die Glühlampen angehen, kann die Show losgehen. In einen Ladentresen wurden nicht weniger als vier glänzende Waschbecken eingelassen, darüber hängen drei Spiegel aus dem 19. Jahrhundert mit feinem Facettenschliff.

OBEN *Im Gästezimmer hängen Musikinstrumente, die durch jahrelange Vernachlässigung matt geworden sind, wie Gemälde an der Wand.* **GANZ LINKS** *Das Einhorn vom Spielzeugkarussell oben, ein seltenes Modell von einigem Wert.* **LINKS** *Die fein mit der Hand bedruckte, in die Jahre gekommene Tapete hat den Charme des Verblichenen.*
RECHTS OBEN *Das große Schlafzimmer mit niedriger Decke und Vertäfelung wirkt ruhig und intim. Nur die auf 1900 datierte Jagdszene könnte den Schlummer stören.* **RECHTS** *Bei dem merkwürdig aussehenden Gerät auf dem Beistelltisch handelt es sich um einen zerbrochenen Schiffsglobus aus der Zeit um 1900.*

nebenan, der in den 1920er Jahren angebaut wurde, hegt Max ihre eindrucksvolle Sammlung von Orchideen und Pelargonien. Das fensterlose Gästezimmer erhält Licht durch ein riesiges rechteckiges Oberlicht. An einer Wand hängt eine exzentrische Sammlung antiker Musikinstrumente über einem reizenden Miniaturkarussell.

Zwei eindrucksvolle Jugendstiltüren führen in Max' Atelier. Wenn man beim Hineingehen seinen Fuß auf den magischen Fußabtreter setzt, gehen die Lichter an, wenn man dies beim Verlassen wiederholt, erlöschen sie.

Antiquitätenhändler lassen sich als die letzten Zigeuner oder als ultimative Recycler beschreiben. Bernard verkörpert beide Typen in Reinkultur. Auch wenn er ein bekennender Hamsterer ist, hat er doch einen Blick für Kultiviertes. Das zeigt sich, sobald man den Geschäftsbereich der Mühle verlässt und die eleganten Wohnräume des Paars betritt.

Französisch **eklektisch**

LINKS *Auf diesem stimmungsvollen Schwarz-Weiß-Foto aus den 1960er Jahren wirkt Maxime rätselhaft wie eine Figur aus einem Godard-Film.* **OBEN** *Auf dem Bücherregal sind Glasgefäße mit pudrigen Pigmenten aufgereiht.* **UNTEN** *Die stilisierten Porträts stammen nicht von Maxime, sondern von einem Künstler der 1930er Jahre; sie hingen einst in einem Café an der Place du Capitole in Toulouse.*

In diesem Wintergarten im Obergeschoss des Hauptgebäudes sprießen Pelargonien, Orchideen und Gummibäume.

Seinem Namen zum Trotz ist La Petite Maison in der Rue Paul Bert, dem Zentrum des Pariser Antiquitätenhandels, alles andere als klein. Der Besitzer Stéphane Olivier ist ein Mann voller Tatendrang, und das Geschäft mit Antiquitäten machte ihn zugleich zu einem gefragten Innenarchitekten.

EIN KLEINES HAUS IN PARIS

Das Besondere an La Petite Maison besteht darin, dass es als Laden und als Wohnhaus dient. Indem er in seinen Räumen sorgfältig ausgewählte Objekte geschickt arrangiert, kommt Stéphane den Wünschen der Kunden entgegen, die auf seiner beachtlichen Liste stehen. Sie nutzen ihn nicht nur als Bezugsquelle für das perfekte Stück, sie wollen von ihm auch wissen, wo sie es hinstellen sollen.

Während seiner Kindheit und Jugend im Alpenvorland entwickelte Stéphane eine tiefe Naturverbundenheit, und auch heute noch besteht für ihn das größte Vergnügen darin, auf Dinge zu stoßen, die ihn emotional berühren. In seinem Heim stehen prachtvolle, kostbare Dinge Seite an Seite mit schlichten Alltagsgegenständen, die ohne besonderen Wert einfach nur schön sind. Er mischt gern Epochen, Stile und Materialien, sammelt Schmetterlinge, gestärkte Hemdkragen, Karten mit Perlmuttknöpfen oder zarte Korallen und stellt sie unter Glashauben aus. Wie für die großen Sammler der viktorianischen Zeit gilt auch für ihn: Die Präsentation ist genauso wichtig wie der Inhalt einer Sammlung.

Das nur wenige Häuser vom legendären Bistro Paul Bert entfernt gelegene Haus ist mit Efeu berankt und erinnert von weitem

LINKE SEITE Dieses Tableau belegt, wie sich durch Symmetrie Objekte unterschiedlichster Stilrichtung und Herkunft kombinieren lassen. Zwischen Acrylglasstehlampen aus den 1970ern hängen Rahmen mit Trockenblumen in Reih und Glied über einem schwedischen Büfett. Davor stehen zwei unbezogene, golden schimmernde französische fauteuils. **GANZ OBEN** *Eine alte Taschenuhr in einer Koralle.* **OBEN** *Im Schlafzimmer stehen auf dem französischen Metzgertisch mit Marmorplatte merkwürdige Metallsterne und Objekte aus Bauernsilber.*

Französisch eklektisch 121

OBEN *Keck hat sich im Salon/Ausstellungsraum ein Steinvogel zu grün glasierten Keramikgefäßen gesellt. Auf dem riesigen Metallzifferblatt ist die Zeit stehengeblieben.* **LINKS** *Die Lehne dieses Stuhls aus dem 19. Jahrhundert ist zart mit Edelweißblüten bemalt.*
RECHTE SEITE *Spieglein, Spieglein an der Wand, wer ist die Schönste im ganzen Land? Diese weiß gestrichenen Zinkrahmen strahlen Märchenzauber aus. Der Stalagmitenaufbau auf dem Floristenbindetisch mit Zinkplatte wurde einst für Blumenarrangements verwendet.*

an das Knusperhäuschen aus *Hänsel und Gretel*. Vier Granitstufen führen zu einer kleinen roten Tür. Hier ist alles so friedlich, man mag kaum glauben, dass es sich um mehr als ein Privathaus handelt. Wenn jedoch samstags oder sonntags das graue Ladenschild draußen schaukelt, ist Stéphanes Geschäft geöffnet. Seine bunt gemischte Kundschaft weiß sein präzises Styling wohl zu schätzen. Kaum jemand widersteht der Versuchung – wer nicht auf der Stelle zugreift, lässt sich zumindest etwas zurücklegen.

LINKS *Im Salon/Ausstellungsraum mit Gartenblick werden diverse Möbel – alles schöne, hochwertige Stücke – stilsicher präsentiert, von der aparten Metallbank mit Tisch und dem großen vergoldeten Kronleuchter bis zur Kommode und zum venezianischen Vollglasspiegel.*

LINKS UNTEN *Der Hund ist der treueste Freund des Menschen; hier zwei Bronzefiguren mit Kaltbemalung.*

Stéphane hat La Petite Maison 2000 eröffnet. Wegen des großen Erfolgs richtete er in der Rue de l'Université auf der Rive Gauche unter den schicksten hochpreisigen Läden von Paris eine Dependance ein. Sein »kleines Haus« aber ist wirklich ein Zuhause, allerdings eines, in dem alle Möbel ein diskretes Preisschild tragen. Alles wird rasch umgeschlagen, so dass es hier von Woche zu Woche anders aussieht. Stéphane und sein Team sind echte Profis, und so läuft alles wie am Schnürchen. An Werktagen ist der Laden geschlossen, das ist die Zeit endlosen Erwägens, Experimentierens und Neuarrangierens.

Das Erdgeschoss besteht aus einem großen Raum – dem Salon/Ausstellungsraum – mit vier abgeteilten Bereichen. Hier werden vielerlei Dinge, große und kleine, präsentiert, doch der Raum wirkt trotz der nicht besonders hohen Decke nicht überladen. Der Wandanstrich in einem kräftigen, grünlichen Grau mit einem Schuss Ocker erinnert ein wenig an Grünspan.

Hinter dem rückwärtigen Fenster des Salons lockt der große, geheimnisvolle, schattige Garten mit sonnigen Einsprengseln. Wer über eine kleine Holztreppe dorthin gelangt ist, kommt aus dem Staunen nicht mehr heraus, denn er findet dort jeden Urnentyp vor, den es je gegeben hat. Büschel gertenschlanker Bambusrohre, die sich im feinsten Luft-

hauch wiegen, sorgen für Schatten. Man fühlt sich in ein bewaldetes Tal versetzt, auch die Gartenbänke fehlen nicht, ebensowenig Pilze und Tiere (aus Stein). Und eben die Urnen …

Im Souterrain liegen die gemütliche Küche und ein Familienzimmer, in dem eine Innenwand in Abwandlung einer Vertäfelung mit blassgrauen Fensterläden bedeckt und mit Spiegeln, Stillleben und anderen Gemälden geschmückt ist. In einem Bücherschrank drängen sich Bände zum Thema Architektur und Innendesign. Auch hier zeigt sich Stéphanes Blick fürs Schräge und Ungewöhnliche – auf einem niedrigen Couchtisch gibt es eine interessante Ansammlung von kleinen geschnitzten Holzgegenständen, die sich am besten von den beiden braunen Lederclubsesseln aus betrachten lässt.

OBEN LINKS *Ob das »S« über dem Bett für Stéphane, Schlaf oder supererfolgreich steht? Passen würde alles. Die verrückte Mischung im blauen Schlafzimmer ist ein leuchtendes Beispiel für gelungenes Styling.* OBEN *Im Bad füllt die Aktstudie eines Flötenspielers fast die ganze Wand.*

Französisch **eklektisch**

DIESE SEITE *Drei Ausstellungshauben (für die Stéphane berühmt ist) stehen vorn im Salon auf einem Metallkasten vor dem Fenster. Durch das irisierende Blau der Flügel und das schimmernde Glas wirkt es so, als ob die Schmetterlinge gleich losfliegen wollten. Daneben glitzern drei Kugeln aus Bauernsilber auf alten Holzständern im Sonnenlicht.*

OBEN *(von links) Die Qual der Wahl — neun Urnen in unterschiedlichen Größen, Formen und Materialien. Eine zerbeulte französische Metallgießkanne aus dem 19. Jahrhundert. Die einladende Fassade von La Petite Maison.* **UNTEN** *Diese mit Moos bewachsenen Steinpilze — der perfekte Gartenschmuck — stammen wohl aus dem 18. Jahrhundert. Auf solchen Steinen standen früher, etwas erhöht, Speicher und andere landwirtschaftliche Gebäude, damit sie vor Insektenbefall und Vermodern geschützt waren.*

Das Obergeschoss ist privat. Stéphanes Schlafzimmer wirkt wie ein gemütliches Winterchalet. Auf einer bemalten Kommode steht eine riesige Sammlung von Kerzenleuchtern und Madonnen aus Bauernsilber. Ein »S« aus Emaille über dem Bett macht deutlich, dass es Stéphane ist, der hier nachts unter einer luxuriösen Decke aus Kaninchenpelz ruht. Auf diesem Geschoss gibt es ein weiteres Schlafzimmer, ein Büro und ein sehr hübsches Bad, in dem Stéphane auf helle Farben und Beleuchtungskörper verzichtet hat, obwohl Tageslicht hier rar ist. Stattdessen hat er sich für ein tiefes Rot entschieden, das so dunkel und geheimnisvoll ist wie die Nacht.

In der einst römischen Kleinstadt Uzès befindet sich an einer Ecke der Place aux Herbes, von der Alleen Richtung Umgehungsstraße abgehen, eine scheinbar ganz normale Bankfiliale. Doch wenn man beim Warten auf den Kassierer den Blick nach oben schweifen lässt, wird man staunen …

MEDITATIV

… Denn dann bemerkt man, dass man unter einem wunderschönen Steingewölbe steht. Dieser Tempel des Kommerzes wurde in einen ehemaligen Ursulinenkonvent des frühen 18. Jahrhunderts hineingebaut – doch die eigentliche Schatzkammer des Gebäudes liegt darüber: das außergewöhnliche Zuhause von Gérard und Danielle Labre. Die unauffällige Tür neben dem Eingang zur Bank lässt nicht vermuten, was den Besucher dahinter erwartet.

Gérard ist seit 25 Jahren Antiquitätenhändler. Vorher war er in der Gastronomie tätig und arbeitete ehrenamtlich fürs Pariser Musée Guimet, an das er eigene Sammelobjekte für Ausstellungen verlieh. Schließlich eröffnete er in Paris ein Geschäft, zog dann aber auf der Suche nach einem besseren Leben in den Süden. Fünf Jahre lang betrieb er einen Laden in Uzès, seitdem verkauft er von zu Hause aus – an Privatkunden (nur nach Voranmeldung) und an Museen in aller Welt.

Der Steinfußboden im Esszimmer stammt vom abgerissenen Hôtel Particulier im Zentrum von Uzès. Zwei massive Schränke, ein französischer aus Obstholz (17. Jahrhundert) links und ein indischer aus dem 19. Jahrhundert rechts, beide mit Resten des Originalanstrichs, nehmen Geschirr, Besteck und Tischwäsche auf.

Gérard ist Experte auf seinem Gebiet. Häufig trifft man ihn bei der Untersuchung von Spinnen, Korallen und Fossilien an und sieht ihn dabei diverse Nachschlagewerke konsultieren. Er spürt gern Raritäten auf und fasst sie in Glas – Bilder von ätherischer Schönheit. Wer zu Gérard kommt, sollte sich Zeit nehmen, weil er voller Begeisterung über sein Lebensthema spricht und seine Kenntnisse gern – und auf höchst anregende Weise – mit anderen teilt. Ihn kennenzulernen ist ein Privileg, denn er ist ein Unikum in einer Welt, die sich eher für die Art von Geschäften interessiert, die unter seinem Zuhause gemacht werden.

Wann immer es die Zeit erlaubt, ist Gérard unterwegs. Er stöbert nicht nur Schätze auf, sondern betreibt auch eine Wohltätigkeitsorganisation für tibetische Flüchtlinge. Tibet ist denn auch der Ort, an dem Gérard und seine Frau im Alter leben möchten. Das heißt für ihn jedoch nicht, die Füße hochzulegen – ein Mann mit solchen Visionen wird sicher auch in seinem nächsten Zuhause etwas Unvergleichliches schaffen.

LINKS OBEN *Mit einem Spielzeughahn lassen sich die Toten wohl nicht zum Leben erwecken.* **LINKS** *Von der Küche blickt man durch einen niedrigen Bogen ins Wohnzimmer. Die gerahmten philippinischen Krebse haben die typische Labre-Glasbehandlung erfahren.*
RECHTS OBEN *Eine Küche in Zitronengelb und Salbeigrün mag eine irritierende Vorstellung sein, doch hier funktioniert die Farbkombination.*
RECHTS *Knoblauch vom Wochenmarkt.*

Mit ihrem Umzug von Paris nach Uzès im Jahr 2000 hatten Gérard und Danielle sich einiges vorgenommen; bis der Umbau abgeschlossen war, vergingen zwei Jahre mühsamer Arbeit. Das über die Jahrzehnte immer wieder anders genutzte Gebäude war damals ein vernachlässigtes, im Verfall begriffenes und z.T. niedergebranntes Theater. Der von den beiden genutzte Teil ist in gewisser Weise immer noch eine Bühne, auf der Gérards Sammlungen ihren Auftritt haben: asiatische Kunst, seltsame und seltene Objekte hinter Glas, die eines naturgeschichtlichen Museums würdig wären, religiöse Bildnisse und jede Menge Schädel, die wie barocke Vanitas-Bilder an die Vergänglichkeit des Lebens gemahnen.

Von der schlichten Eingangstür führt eine schmale Steintreppe zu einem von einem orangefarbenen Vorhang abgeschirmten Raum, der den Betrachter Demut lehrt. Ich möchte nicht zu dick

LINKS *(von oben nach unten) Die imposante Schnitzfigur aus dem 18. Jahrhundert stellt Wischnu dar, im Hinduismus einer der höchsten Götter und Erhalter der Welt. Blick vom Wohnzimmer in die zwölf Meter hohe Kuppel. Detail der Treppe aus dem 18. Jahrhundert, deren Steine beim Pont du Gard gehauen wurden.* **RECHTS** *Eine Sammlung von Dreizacken aus dem 18. und 19. Jahrhundert, mit denen Sadhus (fromme Hindus) durch Indien pilgerten.*

auftragen, aber für mich ist er ähnlich eindrucksvoll wie die ägyptischen Pyramiden. Zwölf Meter hoch ragt hier eine Steinkuppel auf; sie erinnert an die des Doms von Florenz, die Brunelleschi im 15. Jahrhundert schuf. Ein Wohnzimmer von der Stange sieht anders aus. Die Dreizimmersuite enthält ein Ruhebett und zwei Betstühle aus Tibet. Weniger esoterisch kommt der riesige Flachbildfernseher daher, doch statt der neuesten Seifenoper läuft wahrscheinlich das Video eines Chors tibetischer Mönche, die hier einmal gesungen haben.

Dieser eindrucksvolle Raum führt zu einer Küche von menschlicheren Ausmaßen, die sich wiederum zu einem Garten mit Pool öffnet. In Südfrankreich ist ein Pool im Garten nichts Außergewöhnliches, es sei denn, er befindet sich im Obergeschoss. Eine außergewöhnliche Ingenieurleistung, man fragt sich, wie der Bagger

RECHTE SEITE *Die wandfüllenden Bücherregale sind mit Kunstbänden und Nachschlagewerken bestückt; aus ihnen bezieht Gérard sein enzyklopädisches Wissen. Die Bibliotheksleiter aus dem 19. Jahrhundert bietet weitere Ablageflächen.*

die Treppe hinaufkam. Doch wir wissen von den alten Ägyptern, dass sich auch ohne Maschinen die erstaunlichsten Dinge vollbringen lassen. Wie zu erwarten, ist der Garten mit herrlichem Blick über die Dächer der Stadt friedvoll und meditativ.

Auf der anderen Seite des riesenhaften Wohnzimmers geht es über eine weitere Treppe ins nächste Geschoss mit Schlafzimmer, Bad, Arbeitszimmer/Bibliothek und Atelier. Wie die Küche haben auch diese Räume normale Dimensionen, und umgeben von Büchern fühlt man sich hier sicher und geborgen. Trotzdem werden sich Besucher mit Höhenangst über die stabilen Geländer freuen. Der Blick von diesem Geschoss ist atemberaubend. Von einer Dachterrasse neben dem Atelier, in dem Danielle malt, kann man durch eine große Glastür in die Wohnzimmerkuppel hinabschauen und sich wie ein Gott fühlen.

Dieses Heim ist nichts für Leute mit schwachen Nerven. Für den hingegen, der gern in Räumlichkeiten lebt, die nichts von einer Schachtel an sich haben, kann es eine Inspirationsquelle sein. Wenn für die Pharaonen eine Pyramide gut genug war, dann ist es ein kuppelüberwölbtes Wohnzimmer für die Labres.

LINKE SEITE *Danielles Atelier ist ein Glasbau im obersten Geschoss mit Panoramablick über Uzès und das Umland.*
OBEN *In dreißig Jahren Reisen hat Danielle diese Halsketten aus Korallen, Lapislazuli, Glas und Stein gesammelt. Sie sind zu schön, um im Schmuckkästchen zu verschwinden, und hängen an eigens gefertigten Haken.*
RECHTS *Im Entstehen begriffene und vollendete Werke von Danielle und anderen, in vielerlei Rahmen gefasst.*

Französisch **eklektisch**

Der vor dem Steinhaus bei Uzès parkende verbeulte Citroën DS deutet darauf hin, dass die Besitzer ein interessantes Zuhause haben. Hinter dem Eingangstor bestätigt die Explosion von Freude und Farbe, dass hier ein echt cooles Paar wohnt. Was sollte da ein Renault Clio?

SCHRÄG UND SCHICK

Arnaud Serpollet und seine Frau, die Künstlerin Valérie Mizraki, handeln seit etlichen Jahren mit Antiquitäten. Sie verkaufen in der Markthalle La Chine Populaire mitten in Uzès und von ihrem Zuhause aus, einem weitläufigen, verwinkelten Gebäude mit umfangreichen Beständen überwiegend aus den 1950er und 1960er Jahren. Wer sich seinen Weg durch das Labyrinth höhlengleicher Räume sucht, könnte fast meinen, auf einem psychedelischen Trip zu sein. Doch lassen Sie sich nicht täuschen. Arnaud verfügt über ein breites Wissen, und was chaotisch wirkt, ist tatsächlich sorgfältig katalogisiert. Er weiß von jedem Stück, wo es zu finden ist, man muss ihn nur fragen.

In Arnauds Leben spielt Musik eine große Rolle – in seiner Freizeit tritt er als Drummer auf. Ständig läuft der Plattenspieler, denn wie alle echten Musikliebhaber hört er am liebsten Schallplatten, obwohl er stapelweise CDs besitzt. Für einen *aficionado* wie Arnaud ist es das größte Vergnügen, eine Platte aus dem Cover zu nehmen, es sich mit einer Tasse Kaffee oder einem Glas Wein gemütlich zu machen und die Liedtexte zu lesen. Einen Musik hörenden Arnaud trifft man aber auch beim Blumengießen auf dem Balkon an, beim Herumschrauben an seinem

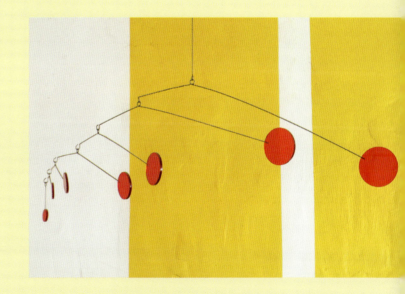

LINKE SEITE Im Esszimmer finden sich kühne, aber sehr gelungene Stil- und Materialkontraste. Um den traditionellen französischen Bauerntisch aus Holz stehen vier von Eero Saarinens markanten Tulpenstühlen aus den 1950er Jahren aus Aluminium und Kunststoff. **GANZ OBEN** Eine Außentür in zwei Farben erinnert an Peter Blakes Zirkuskunst der 1960er. **OBEN** Über der Treppe schwebt still ein Mobile aus Draht und Acrylglas im Stil Alexander Calders.

Französisch *eklektisch* 137

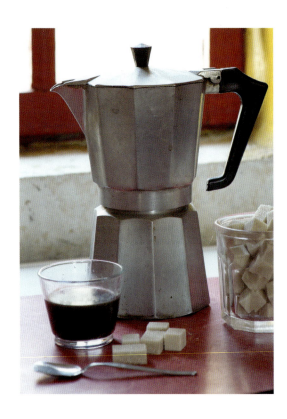

LINKS OBEN *Dieser Klassiker aus Italien stand einst in fast jeder französischen Küche.* **LINKS** *Mosaiken von Valérie schmücken sogar die Küche; sie schuf hier den eingepassten Spritzschutz.* **OBEN** *Im Gästezimmer steht vor einem Fenster aus Glasbausteinen ein Tulpentisch von Saarinen mit passenden Hockern.*

Citroën oder beim Reparieren und Aufbereiten der Bestände für den Laden.

Im Gebäude nebenan hat Valérie ihr Atelier. Sie ist Mosaizistin oder pflegt, genauer gesagt, die Kunst des *picassiette*: Sie sammelt alte Teller – einfarbige, mit Blumenmuster oder anderem Dessin, mit Sprung oder angeschlagen –, die sie in kleine Stücke bricht, in verschiedenen Formen und Größen zuschneidet und auf Töpfe, Vasen, Tafeln und andere schöne Gegenstände klebt. Ihr Vorbild ist Raymond Isidore, der zwischen 1938 und 1964 diese Kunst ins Extrem

Die Teller, die sich hier stapeln, stammen von Flohmärkten oder sind Ausschussware und warten auf Valéries Hammer. Die Blumentöpfe an der Wand sind Produkte ihrer Arbeit. Lächelnde Schönheiten aus den 1950er Jahren schauen zu.

OBEN *Hinter dem Eingangstor hängen Vogelkäfige aus den 1950er Jahren von einem Draht herab. Freche Plastikvögelchen komplettieren das Bild.* **UNTEN LINKS** *Im rosa Raum mit Arnauds Handwerkszeug stehen auf einem grünen, mit Glas und Keramik gefüllten Schrank französische Gefäße mit grüner Glasur aus den 1940ern.* **UNTEN RECHTS** *Noch ein Tulpenstiel von Saarinen, diesmal mit einem Ledersitz aus den 1970ern. Zwei Stücke aus der riesigen Sammlung von Studioglas werfen blutrote Schatten auf den Couchtisch aus den 1950ern.*

RECHTS *Der schön geschnitzte Eichenstuhl, um 1900 als Kopie eines älteren Stücks gefertigt, ist das einzige Sitzmöbel in der Bibliothek. Zwischen Taschenbücher und Nachschlagewerke hat sich skurrile Studiokeramik verirrt.*

steigerte und sein gesamtes Haus in Chartres mitsamt den Möbeln mit Porzellanscherben bedeckte.

Der in Paris geborene Arnaud zog als Kind mit seiner Familie in das abgelegene Dorf und wohnt seitdem in diesem Haus. Wie so viele alte Steinhäuser auf dem Land wurde es nicht planvoll erbaut, sondern wirkt wie von einer Fee mit dem Zauberstab dorthin versetzt. Man kann herumlaufen, ohne zu wissen, auf welcher Terrasse man diesmal landen wird, aber das macht nichts (es sei denn, man hat es eilig, ins Bad zu kommen).

Hinter dem Haupteingang gelangt man durch die Tür rechts zu einer steilen, unebenen Steintreppe ohne Handlauf. Ganz oben schwebt ein Mobile im Stil Calders mit Acrylglasscheiben in transparentem Rot. Damit beginnt ein kaleidoskopartiges Abenteuer. Arnaud hat über die Decke, die Wand hinunter und die andere wieder hinauf ein sehr langes und dickes, röhrenförmiges, zitronengelbes »U« gemalt. Ein kühnes, aber kunstvolles und wohlüberlegtes Statement, das auf die Retromöbel und Ornamente in kräftigen Farben vorbereitet.

Der Eingangsraum fungiert als Familienzimmer, eine großzügige Fläche zum Leben und Essen mit einer kleinen Retroküche in der Ecke. Der über eine ganze Seite geführte Balkon ist durch eine Flügeltür hinter dem Esstisch erreichbar. Sie steht immer offen, sogar im Winter. Vor dem großen traditionellen Kamin, in dem zu dieser Jahreszeit Holzscheite glimmen, steht ein breites, niedriges Sofa aus den 1960er Jahren mit hellroten Kissen. In diesem Haus wurden sämtliche Klischees altmodischen Landlebens in Frankreich über den Haufen geworfen.

Neben der Küche führt ein verwinkelter Korridor mit Borden voll mit französischer Kunsttöpferware und dänischem Holmegaard-Glas in eine winzige Bibliothek. Die raumhohen Regale sind mit Nachschlagewerken, meist weiß eingebundenen Taschenbuchausgaben von Romanen und zahlreichen

Französisch eklektisch

Asterix-Bänden gefüllt. Dieser Raum hat ein schmales Bogenfenster mit Blick über das Dorf. Bei geschlossener Tür fühlt man sich wie in einer Mönchszelle. Hier könnte man gut viele friedvolle Tage verbringen und sich in Bücher von Camus oder Sartre versenken.

Geht man durch einen anderen Abschnitt des Flurs und steigt ein paar Stufen hinauf, landet man schließlich im Schlafzimmer des Paars mit weiteren Büchern und Töpferwaren.

Von einem mit Rankgewächsen überdachten Balkon blickt man in den Hof mit großem Eingangstor. Hier hat Arnaud einen Baum mit Ketten aus bunten Plastikperlen und -schmetterlingen geschmückt. In einer Welt, in der es für viele vor allem darauf ankommt, dass die Ligusterhecken akkurat geschnitten sind, fällt er mit einem so harmlosen Spaß schon aus dem Rahmen. Diese Familie lebt ihren Traum und hat das Glück, damit ein ehrliches Auskommen zu haben.

UNTEN LINKS *Eines der Reklameschilder auf dem Hof zeigt die berühmte rote Kuh, die sich über die knapp bekleideten Damen amüsiert, die Pastis und Motoröl servieren.* **UNTEN RECHTS** *An der Terrassenwand hängen weitere Reklameschilder. Angeblich gibt es 40 Grüntöne — hier sieht man zwei davon. Obwohl an entgegengesetzten Enden der Farbkarte angesiedelt, beißen sie sich nicht.*

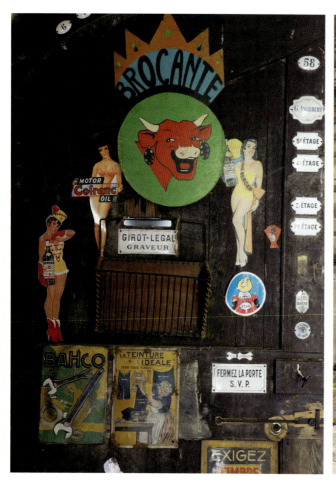

GANZ OBEN UND OBEN *Modellautos aus den 1960ern, einige auf dem Dinky-Transporter hinten direkt aus der Fabrik. Zusätzlich zu dieser Sammlung besitzt Arnaud ein echtes Exemplar – eine »Déesse« aus den 1960ern in Schwarz und Orange. Wenn auch nicht unbedingt für Wettfahrten geeignet, wird sie doch täglich genutzt.* **RECHTS** *Die oben abgebildeten Autos parken inmitten einer Sammlung Studiokeramik unter Schmucktellern auf Glas- und Holzregalen im Schlafzimmer.*

Französisch **eklektisch**

SCHATZTRUHE

Trotz seines typisch französischen Äußeren hat Mary Champs Haus einen irischen Touch, schließlich ist Mary (damals Lynch) in West Cork geboren. Das ab 1700 über zwei Jahrhunderte entstandene Steingebäude ist ein teilweise restaurierter *mas*, ein für die Region Languedoc-Roussillon typisches Bauernhaus. Dazu gehören eine Scheune und drei Gärten, von denen zwei durch eine winzige, kaum genutzte Straße vom Haus abgetrennt sind. Das riesige Tor ist dauerhaft mit einer Kette verhängt; heute gelangt man um die Ecke durch eine rote Holztür ins Haus.

Mary war viele Jahre im Antiquitätenhandel tätig, erst in London, dann in Barcelona. Obwohl sie derzeit nicht aktiv ist, gilt auch für sie: einmal Händlerin, immer Händlerin. Den sonntäglichen Flohmarkt im Rugbyclub von

OBEN *Diese Zinngefäße wirken mittelalterlich.* **RECHTS** *Unter dem Dach könnte Miss Havisham, die reiche alte Jungfer aus Dickens' Roman* Große Erwartungen, *leben. Mit einem neuen Bezug wäre die französische Chaiselongue aus dem 19. Jahrhundert mit den Fransenresten ein gut verkäufliches Stück, hätte aber alle Romantik verloren.*

144 Französisch eklektisch

Im Haus der Champs ist viel Leben — dank Mary, ihren beiden reizenden Zwillingen Beatrice und Florence, nicht weniger als neun Katzen, vier Hunden und einem stetigen Besucherstrom. Mary lebt seit zehn Jahren in diesem Haus in einem schönen Dorf auf einer Anhöhe zehn Kilometer westlich von Uzès.

Der runde, mit einem antiken Bettlaken bedeckte Küchentisch blickt über Terrasse und Garten. Der wacklige Zinnteller darauf sieht wie der Hut eines Geistlichen aus.

OBEN *Die grüne Wandfarbe ist ebenso selbst gemischt wie der Ton des Vorhangs aus altem Leinen. Dahinter liegen in Regalen Tweeddecken, Quilts, Wäsche mit Monogramm und alter Drell. Eichenstuhl und -tisch aus dem 19. Jahrhundert stammen aus England.* **RECHTS** *Der Vorhang aus antiker Spitze lässt das Atelier weicher wirken. Der Sessel mit knallrotem Überwurf füllt den Raum vor dem Fenster aus.*

Uzès lässt sie sich nie entgehen; dort sieht man sie unweigerlich, wie sie französische Bettwäsche mit Monogramm oder noch einen Zinnkerzenhalter abschleppt.

Marys Zuhause ist rustikal und eklektisch, vor allem aber einzigartig. Sie folgt keinem Stil, sondern nur der eigenen Eingebung, gibt sich nicht mit grauem Einheitsbrei ab. Das Haus ist mit bunten Textilien und alten Stoffen vollgestopft, die Mary so sehr liebt.

Wenn man durch die rote Tür den Hauptsalon betritt, ist man

von der hohen Balkendecke überwältigt. Dieser eindrucksvolle Raum ist zweigeteilt. Links befindet sich vor dem riesigen Steinkamin ein großer Sitzbereich mit zwei Sofas zum Versinken, sechs großen Sesseln und einem imposanten Obstholzbüfett aus den Cevennen. Jeder Sessel hat einen Bezug oder Überwurf aus einem anderen Stoff – je nachdem, was der letzte Sonntagsmarkt jeweils hergab. Die Wände sind mit gelblich getönter *chaux* (Kalk) getüncht, das Rot der Eingangstür kehrt an den Innentüren wieder.

Auf der rechten Seite steht ein Esstisch, auf dem allerdings eher eine Nähmaschine steht und Schnittmuster liegen als formelle Platzdecken. Im Winter wird in der großen, heimeligen Küche mit Terracottafliesen gegessen, im Sommer nehmen alle, auch die Hunde, die Mahlzeiten auf der angrenzenden großen Terrasse ein. Die rosa Wände greifen den Farbton der alten Dachziegel auf, mit denen hier alle Häuser gedeckt sind. Die Küchenwände sind mit Gemälden bedeckt – Funde von Kunstmessen in England, Frankreich und Spanien, Geschenke und Werke der beiden Mädchen. Wie in allen gut katholischen irischen Häusern beherrscht das unvermeidliche Herz Jesu die Szenerie.

Das an die Küche grenzende Zimmer wirkt wie ein Interieur von Vermeer. Die Bodenfliesen sind besonders schön, die Farbmischung der Wände und Stoffe orientiert sich an keiner Farbkarte. Dieser Raum, im Grunde ein großer Schrank, ist der Aufbewahrungsort für Servietten, Bettwäsche und -überwürfe und ein weiteres Zeugnis für Marys elstergleichen Instinkt für exquisite Stoffe und Weißwäsche. Jedes Regalbrett ist bis oben hin mit sorgsam zusammengefalteten Schätzen gefüllt.

Es folgt das große Hauptbad mit frei stehender Wanne und noch mehr alten Kleidern an Stangen, Regalen voller Pullover und mit Tüchern gefüllten Körben – ein Mädchenparadies. Vom Bad gehen drei ineinander übergehende Schlafzimmer ab. Das große Hauptschlafzimmer ist in gemütlichem Blau gestrichen. Auf dem Bett liegen eine alte französische Steppdecke mit Patchworkmuster und immer auch ein, zwei Katzen. Mit einem milden Lächeln schaut die Jungfrau Maria von einem Wandbild herab.

Der hinterste Raum in diesem Geschoss ist ein zweiter, kleinerer

LINKS *Hinter blau geblümtem altem Matratzenbezugsstoff verbergen sich Küchenutensilien.* **LINKS UNTEN** *Der Kamin wird nicht mehr als solcher genutzt und ist heute der Futterplatz der Katzen.* **UNTEN** *Die Fliesen im Bad stammen aus Marokko. Das Gewirr der Rohre unter dem antiken Waschtisch hat etwas.* **RECHTS** *Die alte Werkbank hat als Konsole in der Diele eine neue Bestimmung gefunden. Von Kerzenhaltern aus Zinn flankiert, steht darauf ein reizvoller Spiegel. Das Gemälde ist von Florence.*

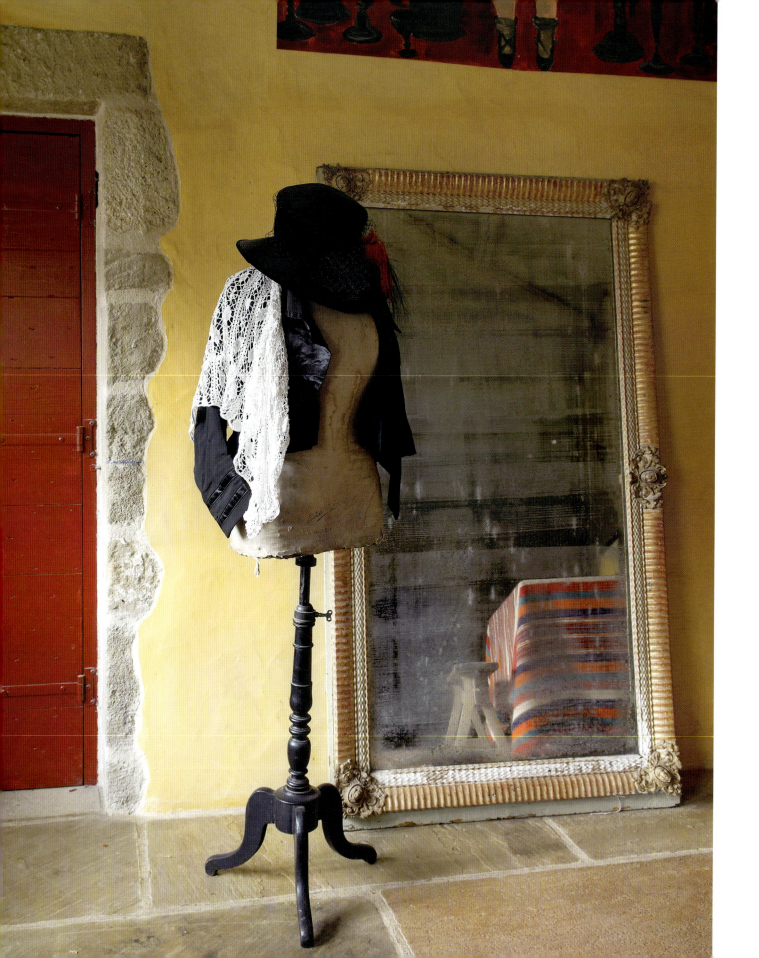

LINKE SEITE *Der französische Spiegel mit Goldrahmen im Hauptsalon weist reizvolle blinde Stellen auf. Der gestreifte, als Tischdecke genutzte Kelim wirkt in der Spiegelung abstrakt, das halb bekleidete Mannequin surreal.* **UNTEN** *Eine alte Leiter zum Obstpflücken ist ein origineller Aufbewahrungsort für die Highheels eines Mädchens.* **RECHTS UND GANZ RECHTS** *Eine Puppe ohne Arme, ein Matrosenjunge und ein blinder Bär gehören zur Sammlung geliebten alten Spielzeugs.* **RECHTS UNTEN** *Ein weiterer Stapel bunter Decken und Überwürfe.* **RECHTS GANZ UNTEN** *In der Mittagszeit sieht man Mary nie ohne breitkrempigen Hut; ihre große Hutsammlung stellt sie im Schlafzimmer zur Schau.*

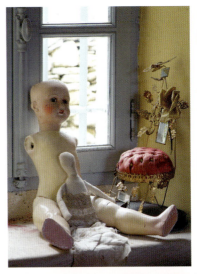

Französisch **eklektisch** 151

GANZ LINKS *Dieses alte Hollandrad wurde tipptopp instand gesetzt und wird täglich benutzt.* **LINKS** *Eine kleine Terrasse bietet Platz für eine winzige Sitzecke mit Bistroklappstuhl.*

Salon, in dem ein schlichtes, rustikales Bücherregal eine ganze Wand einnimmt. Es ist aus großen, groben, ungestrichenen Holzbrettern gefertigt, die an Bahnschwellen erinnern, und biegt sich unter der Last der Bücher in gälischer, englischer, französischer und spanischer Sprache und zerlesener Zeitschriften.

Marys gemütliches Heim ist eine anregende Umgebung für die Töchter, die hier im ländlichen Frankreich aufwuchsen. Überall im Haus finden sich Lifestyle- und Modemagazine, die beiden wissen also, was man in Mailand oder Paris trägt, und kennen die neuesten Einrichtungstrends in London und New York. Mit einer so kreativen Mutter wie Mary ist es nicht verwunderlich, dass die Mädchen ihren eigenen Stil entwickelt und in den von ihnen gewählten Berufen vielversprechende Anfänge gemacht haben: Beatrice in der Mode und Florence als Malerin.

Die beiden teilen sich ein großes Atelier unter dem Dach, das nachts bei geöffnetem Fenster von Fledermäusen aufgesucht wird. Hier stehen eine unrestaurierte Chaiselongue und eine Schneiderpuppe mit einer Couture-Kreation aus Papphülsen, leere Bilderrahmen und weiße Marmorplatten, für die das passende Tischgestell noch gefunden werden muss.

Antiquitätenhändler in aller Welt teilen die Überzeugung, dass nichts je weggeworfen werden darf. Warum etwas Neues kaufen, wenn alte Gegenstände eine viel interessantere Geschichte zu erzählen haben? Es macht so viel mehr Freude, etwas aufzustöbern und einen guten Preis auszuhandeln, als eines von vielen identischen Stücken aus einem Regal zu nehmen und an der Kasse zu bezahlen. Falls Mary je wieder das riesige Tor für Kunden öffnet, wird sie einige Menschen sehr glücklich machen.

RECHTS *Durch ein Tor in rostigem Grün gelangt man zum Pool.*
RECHTE SEITE *Der zartblaue Anstrich der Fensterrahmen bleicht in der Sonne schnell aus und platzt ab. Die Ruhemöbel mit Metall-Flechtwerk aus dem 19. Jahrhundert sind mehr schön als praktisch und haben schon bessere Tage gesehen.*

BEZUGSADRESSEN (sortiert nach Länderkürzeln und Postleitzahlen)

ANTIQUITÄTEN

ANTIK-MÖBEL PASCHEK
Hauptstraße 42
A-3400 Klosterneuburg
Tel.: +43 (0)2243 83185
www.antik-paschek.at
Antike Möbel und Accessoires

RUTISHAUSER ANTIQUITÄTEN
Hauptstrasse 100–104
CH-8280 Kreuzlingen
Tel.: +41 (0)71 6721972
www.rutishauser
antiquitaeten.ch
Restaurierte Antiquitäten, v. a. Louis-seize und Louis Philippe

PATIO ANTIQUES
Hohe Bleichen 18
D-20354 Hamburg
Tel.: +49 (0)40 343525
www.patio-antiques.de
Französische und skandinavische Antiquitäten

WANDEL
Worringer Straße 57
D-40211 Düsseldorf
Tel.: +49 (0)211 90158712
www.wandel-einrichtungs
objekte.de
Möbel und Objekte des Art déco

TRAUMÖFEN – ANTIKE HERDE UND ÖFEN
Wilhelmstraße 114
D-46569 Hünxe
Tel.: +49 (0)2858 6162
www.traumofen.de
Antike Öfen und Herde aus Frankreich, Belgien und Deutschland

DAS ANTIQUITÄTENHAUS
Mittelstraße 20
D-63454 Hanau
Tel.: +49 (0)6181 257363
www.das-antiquitäten
haus.de
Französische und deutsche Möbel von Renaissance bis Gründerzeit

POLSTEREI & ANTIKMÖBEL HERODEK
Bodanstraße 38
D-78462 Konstanz
Tel.: +49 (0)7531 29355
www.herodek.de
Restaurierung und Antikmöbel; Louis Philippe und Biedermeier

ANTIK DESIGN KELLER
Grafinger Straße 6
D-81671 München
E-Mail: info@antikdesign
keller.de
www.antik-design-keller.de
Bauernmöbel von Barock bis Jugendstil, französische Landhaus-möbel

MELENHORST ANTIEK
Rijksstraatweg 167
NL-7391 ML Twello
Tel.: +31 (0)571 273951
www.melenhorst-antiek.nl
Französische, deutsche, englische und holländische Antiquitäten

ANTIKE BAU-MATERIALIEN

SÄGEWERK SCHUH
Atzgersdorfer Straße 255
A-1230 Wien
Tel.: +43 (0)1 8884247
www.saegewerk-schuh.at
Wiederverwertung von Altholz, Türen und Fliesen

OTTO MEYER GMBH
Knutwilerstrasse 13
CH-6233 Büron
Tel.: +41 (0)4141 9332744
www.otto-meyer.ch
Alte Ziegel und Tonplatten aus französischen und spanischen Herrenhäusern

M. BLÖCHER BAUSTOFF-RECYCLING GMBH & CO. KG
Entruper Weg 273
D-32657 Lemgo/Entrup
Tel.: +49 (0)5261 94600
www.antike-
baumaterialien.de
Recycling von Baustoffen wie Mauerwerk und Steinböden

FLORIAN LANGENBECK HISTORISCHE TÜREN
Mülhauser Straße 8
D-79110 Freiburg
Tel.: +49 (0)761 135801
www.historische-tueren.de
Historische Baustoffe, Türen und Beschläge; Jugendstil-Türgitter

FARBEN, STOFFE & TAPETEN

SEYBALT-VEITH
Herrgottwiesgasse 121
A-8020 Graz
Tel.: +43 (0)316 80140
www.seybalt-veith.at
Gardinen im Landhausstil

WIRZ TAPETEN AG
Albisriederstrasse 226
CH-8047 Zürich
Tel.: +41 (0)44 4054422
www.wirztapeten.ch
Weitere Standorte in Aarau, Bern, Birsfelden, Thun/Steffisburg
Stiltapeten und Zierprofile

SCHULZE'S FARBEN- UND TAPETENHAUS
Provinzstraße 57
D-13409 Berlin
Tel.: +49 (0)30 4911438
www.tapeten-in-berlin.de
Klassische Stiltapeten, Gardinen und Farben

ARS ROMANICA
Südallee 35 b
D-40593 Düsseldorf
Tel.: +49 (0)211 73774831
www.ars-romanica.de
Tapeten und Heimtextilien im französischen Landhausstil, u. a. mit Toile-de-Jouy-Mustern

MÖBEL & ACCESSOIRES

MÖBEL KISSLING AG
Ringstrasse 37
CH-4600 Olten
Tel.: +41 (0)62 2127838
www.moebelkissling.ch
Polstermöbel, Betten, Vitrinen und Schränke französischer Machart

GAIN DEKORATION & INTERIEUR
Luitpoldstraße 4 a
D-63739 Aschaffenburg
Tel.: +49 (0)6021 25443
www.gain-interieur.de
Möbel und Wohnaccessoires im italienischen und französischen Stil

FLAMANT
www.flamant.com
Niederlassungen in Baden-Baden, Bielefeld, Düsseldorf, Frankfurt/M., Hamburg, Hannover, Pforzheim, Wiesbaden, Salzburg, Wien, Genf, Sutz/Biel, Zürich
Modernes Wohndesign in Verbindung mit belgischer Tradition

KACHELN & BODENBELÄGE

RAUMAUSSTATTUNG VITULA
Grundäckergasse 11
A-1100 Wien
Tel.: +43 (0)1 7491273
www.vitula.at
Teppiche, Parkette und Laminate

ROTH BODENBELÄGE
Im Buck 11
CH-8165 Schöfflisdorf
Tel.: +41 (0)44 8561044
www.bodenlegen.ch
Teppiche, Holz- und Kunststoffböden in antikem Design

COTTO HOF
Marienstraße 58
D-41836 Hückelhoven-Hilfarth
Tel.: +49 (0)2433 41300
www.cottohof.de
Spezialist für Terracottafliesen

T & B TISCH UND BODEN GMBH
Hauptstraße 121
D-53424 Remagen-Oberwinter
Tel.: +49 (0)2228 913761
www.tischundboden.de
Landhaustische und antike Kacheln aus Nord- und Südfrankreich

KÜCHEN

NOSTALGISCHE KÜCHEN & MÖBEL
Jahnstraße 26
D-17033 Neubrandenburg
Tel.: +49 (0)395 57065903
www.nostalgischekuechen.de
Spezialist für Landhausmöbel und Küchen aus Frankreich

FIRMA BAUERNHAUS-LANDHAUS-IMMOBILIEN
An der Eggelbrücke 20
D-46325 Borken-Hoxfeld
Tel.: +49 (0)2861 601680
www.bauernhaus
immobilien.de
Nostalgische Küchen französischer Hersteller

BADEINRICHTUNG

COOP BRASS ART
Längenfeldgasse 68
A-1120 Wien
Tel.: +43 (0)1 8157211
www.coop-brassart.com
Antike Bäder, Armaturen und Lampen des Art déco und des Jugendstils

STREICHELEINHEITEN FÜRS BAD
Essener Straße 97/Haus 15
D-22419 Hamburg
Tel.: +49 (0)40 5279673
www.antique-bathrooms.com
Antike Bäder (u. a. französische Wannen) und Reproduktionen

BELEUCHTUNG

LICHTLAND RITTENSCHOBER KG
Gmundner Straße 10
A-4816 Gschwandt
Tel.: +43 (0)7612 626050
www.lichtland.at
Lampen aus ganz Europa, moderne Technik und klassisches Design

ANTIKE LAMPEN SCHERLER GMBH
Gervinusstraße 15
D-10629 Berlin
Tel.: +49 (0)30 3233427
www.berlins-lampenwelt.de
Lampen diverser Stilepochen aus Deutschland und Frankreich

ANTIKLAMPE
Poststraße 11
D-66649 Oberthal
Tel.: +49 (0)6854 8942
www.antiklampe.de
Antike Lampen und Leuchten, vornehmlich Jugendstil und Art déco

SPIEGEL

WANDSPIEGEL-DESIGN
Grütstrasse 88
CH-8625 Gossau
Tel.: +41 (0)79 6946947
www.wandspiegel.ch
Neugestaltung alter Spiegel, jede Anfertigung ein Unikat

ANTIKE SPIEGEL JÖRG WEISMANN
Tannenstraße 21
D-40476 Düsseldorf
Tel.: +49 (0)211 4184481
www.antike-spiegel.de
Restaurierung und Verkauf u. a. antiker französischer Originalspiegel

GARTENMÖBEL & -DEKORATION

ARTECOTTA
Sihlquai 274
CH-8005 Zürich
Tel.: +41 (0)44 4406500
www.artecotta.ch
Mediterrane Gartenaccessoires

CHÂTEAU BORDEAUX OHG
Feldstraße 155
D-22880 Wedel
Tel.: +49 (0)4103 8089880
www.chateau-bordeaux.de
Gartenmöbel und Accessoires

MÄRKTE & MESSEN

DEUTSCHLAND

KEFERLOHER ANTIK- UND TRÖDELMARKT
Jeden ersten Sonntag im Monat von 6 bis 17 Uhr im Weiler Keferloh im östlichen Landkreis München

REGENSBURGER ANTIKMARKT
Jedes Jahr im Juni; keine Neuwaren, nur geprüfte Antiquitäten und Originale

FRANKREICH

L'ISLE-SUR-LA-SORGUE
Eine idyllische Stadt im südlichen Rhône-Tal, bekannt für ihre vielen Antikläden, die am Wochenende und an Feiertagen von 10 bis 17 Uhr geöffnet sind

PUCES DE SAINT-OUEN
Flohmarkt in der Nähe der Porte de Clignancourt in Paris; geöffnet samstags von 9.30 bis 18 Uhr

ÖSTERREICH

MESSE FÜR KUNST UND ANTIQUITÄTEN, HOFBURG WIEN
Jährlich im November, Verkauf international anerkannter Kunst

DIE FIRMEN

JOSEPHINE RYAN ANTIQUES
63 Abbeville Road
UK-London SW4 9JW
Tel.: +44 (0)208 6753900
E-Mail: jryanantiques@aol.com
Josephines Haus in Frankreich lässt sich mieten unter:
www.josephineryanfrance.co.uk

MAISON ARTEFACT
273 Lillie Road
UK-London SW6 7LL
Tel.: +44 (0)207 3812500
www.maisonartefact.com

**STÉPHANE BROUTIN
ANTIQUITÉS DÉCORATION**
Passage du Pont
(L'Isle aux Brocantes)
7, avenue des quatre Otages
F-84800 L'Isle-sur-la-Sorgue
Tel.: +33 (0)4 90382779
Mobil: +33 (0)6 03229797
E-Mail: broutin.s@wanadoo.fr

CHÂTEAU DE CHRISTIN
Mobil: +33 (0)6 12361309
Kontakt: Olivier und Nina Delafargue
www.chateaudechristin.fr
E-Mail: chateaudechristin@orange.fr

JEAN-LOUIS FAGES
Antiquités – Décoration (Nîmes) Sarl Interieur Ganache
3, place du Marché
F-30000 Nîmes
Tel.: +33 (0)4 66273823
E-Mail: Matao11@hotmail.fr

GALERIE ET CAETERA
40, rue de Poitou
F-75003 Paris
E-Mail: franckdelmarcelle@yahoo.fr
www.franckdelmarcelle.com
Übernachtung und Frühstück unter:
www.maisonmistre.fr

APPLEY HOARE ANTIQUES
22 Pimlico Road
UK-London SW1W 8LJ
Tel.: +44 (0)207 7307070
E-Mail: appley@appleyhoare.com
www.appleyhoare.com

GÉRARD LABRE
2, boulevard des Alliés
F-30700 Uzès
Mobil: +33 (0)6 20697032
Fax: +33 (0)4 66376215
E-Mail: glabre@orange.fr

STÉPHANE OLIVIER
3, rue de l'Université
F-75007 Paris
Tel.: +33 (0)1 42961000
E-Mail: rivegauche@stephaneolivier.fr
und
La Petite Maison
10, rue Paul Bert
F-93400 Saint-Ouen
Tel.: +33 (0)1 40105669

THIBAULT NOSSEREAU
Marché Paul Bert
allée 3, stand 159
Rue des Rosiers
F-93400 Saint-Ouen
Mobil: +33 (0)6 08640919

SPENCER SWAFFER ANTIQUES
30 High Street
Arundel
UK-West Sussex BN18 9AB
Tel.: +44 (0)1903 882132
www.spencerswaffer.com

ARNAUD SERPOLLET UND
VALÉRIE MIZRAKI
La Chine Populaire
7, avenue Libération
F-30700 Uzès
Tel.: +33 (0)4 66033483

MAXIME UND BERNARD
CASSAGNES
La Fabrique
F-11390 Brousses
Tel.: +33 (0)4 68265755
(nur nach Vereinbarung)

DIE AUFNAHMEORTE (o = oben, u = unten, r = rechts, l = links, m = Mitte)

Seite 1–3 Josephine Ryan Antiques; **4** Château de Christin, Chambres d'Hôtes de Luxe, Reception – Seminaires; **5 ol** Appley Hoares umgewidmete Eau-de-Vie-Fabrik aus dem 18. Jahrhundert in Südfrankreich; **5 or** Wohnung von Shane Meredith und Victoria Davar von Maison Artefact in London; **5 ul** Spencer und Freya Swaffers Wohnung in Arundel; **7 ol** www.franckdelmarcelle.com; **7 om** Wohnung von Shane Meredith und Victoria Davar von Maison Artefact in London; **7 or und ml** Appley Hoares umgewidmete Eau-de-Vie-Fabrik aus dem 18. Jahrhundert in Südfrankreich; **7 m** Bernard und Maxime Cassagnes' Wohnung in Frankreich; **7 mr** Spencer und Freya Swaffers Wohnung in Arundel; **7 ul** Appley Hoares umgewidmete Eau-de-Vie-Fabrik aus dem 18. Jahrhundert in Südfrankreich; **7 um** Mary Champs Wohnung in Frankreich; **7 ur** Stéphane Olivier; **8 ol und ul** Stéphane Oliviers Wohnung in Paris; **8 om und ur** Château de Christin, Chambres d'Hôtes de Luxe, Reception – Seminaires; **8 or** Mary Champs Wohnung in Frankreich; **8 um** www.franckdelmarcelle.com; **9 ol und m** Appley Hoares umgewidmete Eau-de-Vie-Fabrik aus dem 18. Jahrhundert in Südfrankreich; **9 or und ur** Jean-Louis Fages' und Matthieu Obers Wohnung in Nîmes; **9 ul** www.franckdelmarcelle.com; **9 um** Spencer und Freya Swaffers Wohnung in Arundel; **10–11** Appley Hoares umgewidmete Eau-de-Vie-Fabrik aus dem 18. Jahrhundert in Südfrankreich; **12–23** Josephine Ryan Antiques; **24–35** Appley Hoares umgewidmete Eau-de-Vie-Fabrik aus dem 18. Jahrhundert in Südfrankreich; **36–45** Wohnung von Shane Meredith und Victoria Davar von Maison Artefact in London; **46–55** Stéphane Broutin Antiquités Décoration in L'Isle-sur-la-Sorgue; **56–67** Château de Christin, Chambres d'Hôtes de Luxe, Reception – Seminaires, in der Nähe von Sommières; **68–75** Jean-Louis Fages' und Matthieu Obers Wohnung in Nîmes; **76–85** www.franckdelmarcelle.com; **86–95** Spencer und Freya Swaffers Wohnung in Arundel; **96–107** Christine und Denis Nossereaus Wohnung in L'Isle-sur-la-Sorgue; **108–109** Stéphane Oliviers Wohnung in Paris; **110–119** Bernard und Maxime Cassagnes' Wohnung in Frankreich; **120–127** Stéphane Oliviers Wohnung in Paris; **128–135** Gérard und Danielle Labres Wohnung in Uzès; **136–143** Arnaud Serpollets und Valérie Mizrakis Wohnung in der Nähe von Sainte-Chaptes; **144–153** Mary Champs Wohnung in Frankreich; **156** Bernard und Maxime Cassagnes' Wohnung in Frankreich.

REGISTER

Kursive Zahlen verweisen auf Bildlegenden.

A
Arundel, West Sussex 87, 89, 90
ausgestopfte Tiere *s.* Taxidermie

B
Bäder 18, 25, 35, 41, 54, 66, 79, 90, 103, 114, *114*, *115*, *125*, *127*, 148, *149*
Badewannen *31*, 35, 66, 114, *114*, 148
Balkone/Loggien 34, 51, *55*, 69, 141, 142
Bänke 20, 22, 83, *124*, 125, *149*
Baschi, de, Familie 58
Bauernsilber 43, 80, *121*, *126*, 127
Beleuchtung *s. a.* Kerzenhalter, Lampen, Leuchter, Lüster
  Bühnenscheinwerfer 35
  Glühlampen 114, *115*
  Lichterketten 80, *100*
  Operationsleuchte 113, *113*
Besteck 12, 42, 48, 61, 65
Betten 21, 35, 62, 83, *100*, *103*, 105, *125*, 127, 148
  Kopfteile *55*
  lit bateau 61
  Ruhe- (*lit de repos*) 62, 70, 73, 80, *84*, 132
Bettwäsche 35, *54*, 65, 74, *103*, *146*, 147, 148
boiseries s. Täfelungen
Broutin, Stéphane 46–55, *46–55*, 156–157
Bücher 28, 62, 68, 99, 125, *132*, 135, 141–142, *141*, 152
Büfetts *121*, 148

C, D
Cassagnes, Bernard 110–119, *110–119*, 157
Cassagnes, Maxime 110–119, *110–119*, 157
Chaiselongues 65, *144*, 152
Champ, Beatrice 145, 152
Champ, Florence 145, 152
Champ, Mary 144–153, *144–153*, 157
Charleston Farmhouse, West Sussex 87
Chine Populaire, La, Uzès 137, 157
Christin, Château de, Gard 58–67, *58–67*, 156–157
Conran Shop 20, 32
Couchs *s.* Sofas
Davar, Victoria 36–45, *36–45*, 156
Decken
  Balken- *15*, 35, 148
  Stuck- 66
Delafargue, Nina 58–67, *58–67*, 156–157
Delafargue, Olivier 58–67, *58–67*, 156–157
Delmarcelle, Franck 76–85, *76–85*, 156–157
Dombrowicz, Laurent 76–85, *76–85*, 156–157
Drucke/Stiche 66, *70*, 76

E, F
Eisengitter 94, 113
Esszimmer 47, 61, 66, 73, 74, 80, *80*, 83, 92, 102, 113, *128*, 137
Fabrique, La, Brousses 110–119, *110–119*, 157
Fages, Jean-Louis 68–75, *68–75*, 156–157
fauteuils s. Stühle
Fenster 42, *64*, 65, 69, 93, 117, *138*, 142
Fensterläden 83, 93, 102, 125
Figuren, dekorative 74, *99*, 102, *112*, 124
Fresken 65
Fußböden
  Beton *18*, 30, 48
  Fliesen 68, 69, 79, 83, *148*, *149*
  Holz 35, 113, 114
  Parkett *80*
  Terracotta 20, 148
  Terrazzo 66

G
Galerie Et Caetera, Paris 76, 156
Gärten 20, 29, 62, 65, 67, 69, 90, 93, *94*, 100, 105–106, *105–106*, 124–125, 127, 132, 135, *144*, 146
Gästezimmer 25, *31*, 35, 43, *45*, 54, 66, 90, 100, 105, 116, 117, *138*
Gefäße 42, 43, 47, 74, 90, 92, 93, 118, 122, 140, 144, *s. a.* Gläser, Töpfe, Urnen, Vasen
Gemälde 12, 17, 18, 25, 39, 41, 44, 48, 49, 52, 55, 70, 73, 80, 83, 90, 92, 93, 94, 102, *103*, 105, 116, *118*, 125, *125*, 131, *135*, 148, *149*
Gewächshäuser 94
Gien-Teller 26, 32
Gipsmodel 25
Gläser 26, 48, 74, 113, *140*
Goullet, Richard 61, 65
Guimard, Hector 113

H
Habits 9, Les, Lourmarin *103*
Hallen/Dielen/Flure/Korridore 47, 48, 62, 65, *65*, 69, 99, 102, 112, 113, 141, *149*
Hoare, Appley 24–35, *24–35*, 156–157
Hoare, Zoë 24, 25, *31*
Hocker 49, 96, *138*
Höfe 22, 48, 66, 142, *142*
Holmegaard-Glas 141

I, K
Isidore, Raymond 138
Isle-sur-la-Sorgue, Vaucluse 47, 52, *55*, 96, 100, 106
Kacheln 102, *113*
Kalktünche (*chaux*) 65
Kamine/Feuerstellen 16, 21, 28, 32, 36, 48, 51, 58, 62, 65, 79, 83, 141, 148, *149*
Kaminsimse *s.* Simse
Kapellen 62
Karaffen 21, 28, 66, 70, *70*, 103
Käseformen 12
Kelims 68, *151*
Kerzenhalter 41, 70, 83, 103, *103*, 127, 147, *149*
Kirmeskunst (*art forain*) 47, *47*, 106, 110
Kissen *31*, 39, 68, 70, 74, 79, 141
Kommoden 32, *52*, 70, 124, 127
Körbe 26, 148
Küchen 12, 19, 21, 26, 30, 32, 36, 43, *43*, 48, 49, 61, 74, *74*, 79, 92–93, *92*, 96, 100–102, 113, *113*, 125, *130*, 132, *138*, 141, 148
Kuppeln 132, *132*, 135

L
Labre, Danielle 128–135, *128–135*, 157
Labre, Gérard 128–135, *128–135*, 157
Lacanche-Herd 102
Lampen 70, 73, 76, 80, 100, 105, *121*

Lampenschirme *44*, 73, *87*
Läufer *12*, 66
Leitern 32, 35, *132*, 151
Leuchter 36, 65, 74, 87, 88, *124*
lit de repos s. Betten
Lüster 21, *41*, 61, 62, 73, *73*, 74

M, N

Madonnen *39*, 48, 127
Maison Artefact, London 156
Marché Paul Bert, Paris 100, 157
Maurer, Ingo 105
Meredith, Shane 36–45, *36–45*, 156–157
Metallkästen *126*
Mizraki, Valérie 137–143, *137–143*, 157
Mobiles 105, *137*, 141
Mörser 74, *94*
Mosaiken *138*
Musée Guimet, Paris 128
Nîmes 69
Nossereau, Christine 96–107, *96–107*, 157
Nossereau, Denis 96–107, *96–107*, 157
Nossereau, Thibault 100, 157

O–R

Ober, Matthieu 68–75, *68–75*, 156–157
objets morts s. Taxidermie
Olivier, Stéphane 120–127, *120–127*, 157
Paris 76, 79, 83, 121, 124
Patios 66, *66*
Pergolen 105, *106*
Perilhou, C. *44*
Petite Maison, La, Paris 120–127, *120–127*, 157
Pole, Katharine *39*
Porzellan 18, 20, 26, 141
Regale 17, 26, 32, *43*, *49*, 90, 92, 113, 141, *143*, 147, 148
Bücher- 68, 70, 118, *132*, 152

Reliquiare 80, 83
Ryan, Josephine 12–23, *12–23*, 156–157

S

Saarinen, Eero 137, *138*, *140*
Säulen 90, 100
Schilder *43*, *49*, 51, *54*, 92, 102, 122, 142
Schlafzimmer 18, 21, 31, 35, *41*, *43*, *49*, 52, 55, 64, 65, 79, 83, 93, *103*, 114, *116*, 121, *125*, 127, 142, *143*, 148, 151
Schnitzereien 15, *39*, 47, 52, 100, 103, *103*, 106, 125, *132*, 141
Schränke 31, 35, *48*, 51, *54*, 70, 80, 83, 100, 102, *128*, *140*
Bücher- *92*, 125
Unter- 83, 105
Serpollet, Arnaud 137–143, *137–143*, 157
Servietten 26, 148
Sessel 15, 20, 32, *45*, 49, 55, 62, 125, *147*, 148
Simse 17, 28, 32, 79, 90
Skulpturen 20, 25, 48, 52, 62, 83, 84, 90, 100, 105, s. a. Statuen
Sofas/Couchs 15, 20, 32, *49*, 65, 68, 69, 79, 83, 96, 105, 141, 148
Sommières, Gard 58
Spiegel 18, 36, *41*, 42–43, *42*, 79, 83, 94, 100, 114, *115*, *124*, 125, *149*, 151
Starck, Philippe 49, *52*
Statuen 35, *43*, *49*, 52, 67, 111, 112, *112*, 113, *132*
Steine in Pilzform *125*, 127
Steingut 61, *73*
Stoffe 17, 35, 69, 147–148, *147*, *149*
Studiokeramik 141, *143*
Stühle *43*, 83, 88, 90, 103, 106, 122, 141, 147
Bet- *132*
Bistro- 17, 20, 30, *34*, 152

fauteuils/Lehnstühle 15, 32, 64, 96, 121
Louis-quinze- 80
Metall- 32, 48
mit Lederpolster 80, *140*
Tolix- 32
Tulpen- *137*, *140*
Swaffer, Freya 90, *93*
Swaffer, Spencer 86–95, *86–95*, 157

T

Tafelsilber 73
Täfelungen/boiseries/Vertäfelungen 61, 65, 83, *116*
Tapeten *116*
Tassen 61
Taxidermie/ausgestopfte Tiere/objets morts 76, 80, *80*, 83, 84, 105, 111, 113
Teller 26, 32, *43*, 114, *138*, *139*, *143*, 146
Terrassen 16, 22, 74, 105, 106, 141, 142, 146, 148, 152
Terrinen *43*, 70
Tische 12, 32, 48, 49, 52, 76, 83, *103*, 106, 124, 146, 147
Barock- 80
Bauern- *73*, 80, *80*, *137*
Beistell- *116*
Bistro- 20, 30, 31, *34*, 106
Couch- 35, *39*, 68, 113, 125, *140*
Ess- 30, 70, 74, 80, 83, 103, 113, 141, 148
Floristen- *122*
Klapp- 36, 99
Konsolen- 74, 90
Küchen- 74, 146
Metzger- *121*
mit Cabriolbeinen *41*, 96
mit Marmorplatte 96, 121
mit Zinkplatte 26, 32, 105, *106*
Nacht- *103*
Operations- 113
Refektoriums- 105
Roulette- 113
Tulpen- *138*
Toile de Jouy 64

Töpfe 22
Blumen- 66, 74, 93, *139*
Kupfer- *61*
Tore 15, 20, 29, 30, *34*, 47, 48, 55, *94*, 137, 142, 144, 152, *152*
Treppen 16, 35, 49, *49*, 52, 65, 66, 105, 112, *112*, 124, 131, *132*, 135, 141
Türen 22, 36, 51, *54*, 61, 62, 90, *111*, 122, 137, 141, 144, 147, 148
Eingangs- 112, 131, 148
Eisen- 30, 48
Flügel- 69, *94*, 113, 141
französische *34*, *94*
Glas- 135
Jugendstil- 117

U–Z

Überwürfe 15, 68, *147*, 148, *151*
Urnen 83, *124*, *125*, 127
Urre, d', Familie 58
Uzès, Gard 12, 16, 44, *128*, *128*, 131, *135*, 137, 145, 147
Vasen 18, 20, 70
Vertäfelungen s. Täfelungen
Vitrinen/Schaukästen 80, *111*
Vogelkäfige 17, 65, *65*, 67, *73*, *140*
Vorhänge 74, 131, *147*
Wände
getünchte 65, 148
Schiefer- 114
Stein- 32, 48, 114
verputzte 30, 32
Waschbecken 114, *115*
Waschtische 18, *149*
Wedgwood 83
Wintergärten 114, *119*
Wohnzimmer/Salons 15, 17, 20, 28, 32, 34, 42, 48, 62, 65, 68, 69, 79, 83, 87, 92, 111, 113, 122, 124, *124*, 126, 130, *132*, *132*, 135, 147–148, 151, 152
Zénitran 105

DANKSAGUNG

Das Bedürfnis, kreativ zu sein, ist meine *raison d'être*, und durch die Herausforderung, dieses Buch zu schreiben, habe ich ein weiteres Mittel des Selbstausdrucks für mich entdeckt – eines, das sich zu meiner Überraschung als höchst befriedigend erwies. Dass ich dieses Buch geschrieben habe, ist meinem Sohn Cahal anzulasten bzw. zu verdanken. Die Arbeit daran hat vom Entwurf und von der Planung über das Fotografieren bis zum letzten Tüpfelchen auf dem i ein Jahr in Anspruch genommen. Es war eine schöne Zeit mit sonnigen Fotoshootings und langen Abenden am Küchentisch beim Schreiben und Erlernen neuer Fähigkeiten, doch es war auch eine schmerzliche Zeit in meinem Leben, die große Veränderungen mit sich brachte. Ich habe das Bedürfnis, einigen ganz besonderen Menschen – Matthew und Taina, Judith und Ian – meinen Dank auszusprechen; ohne ihre großzügige Zuwendung und Unterstützung wäre dieses Buch nicht zustande gekommen.

Meinen Händlerkolleginnen und -kollegen und all den anderen, die einen Beitrag zu diesem Buch geliefert haben, danke ich für ihren guten Geschmack, dafür, dass sie sich ein Zuhause geschaffen haben, das es wert ist, im Bild festgehalten zu werden, und für die köstlichen Mahlzeiten, die sie bereitet haben! Ein ganz besonderer Dank geht an Vicky Davar, die Superfreundin. Dank auch an das Team vom englischen Verlag Ryland Peters & Small, insbesondere Alison Starling und Jess Walton, deren Geduld und Verständnis weit über das Geforderte hinausgingen.

Helen Ridge verdient eine Medaille für all ihre Hilfe beim Text. Dank an die beiden fabelhaften, kreativen »Schwestern« Claire Richardson und ihre Assistentin Ellie Laycock für ihre wie stets qualitätvollen und schönen Fotos und Reproduktionen und, vielleicht noch wichtiger, für den Spaß mit ihnen. Danke, Paul Ryan – nicht für den Umzug nach Australien, sondern dafür, dass du immer zum Hörer greifst, um zu erfahren, wie es deiner großen Schwester geht, für deinen Stolz und deine Ermutigung.

Nicht zuletzt möchte ich meiner kleinen Familie Dank abstatten: Cahal und Uma Rose, zwei einzigartigen, ganz besonderen Kindern, die ich anhimmele, und Mohit Bakaya dafür, dass er sie mir schenkte und 18 Jahre mein langmütiger Partner und Ehemann war und hoffentlich auf ewig mein Freund sein wird.